Shift Work Challenge

[普及版]

シフトワーク・チャレンジ

夜勤・交代勤務 検定テキスト

深夜に働くあなたと、あなたの周りの人に知ってもらいたい**80**のこと

QA80

代表編集

佐々木 司

公益財団法人 大原記念労働科学研究所
シフトワーク・チャレンジ プロジェクト企画委員会

公益財団法人 大原記念労働科学研究所

JN208519

シフトワーク・チャレンジをやろう！

　近年，公共交通機関，医療機関，巨大装置産業などにおける大事故・大参事を見渡しますと，夜間や早朝に生じていることに気づきます。これらの原因は，おそらく雇用者・管理者側だけでなく労働者側にも，人間は夜間には昼間と同じように働けないという認識が欠けているのではないでしょうか。

　また統計によりますと，夜間に働く労働者の数は，どんな先進工業国においてもわずか20%前後だけとのことです。ですから夜間に働く労働者の恩恵を受けている大多数の生活者においても，夜勤・交代勤務者がどのような安全リスクを抱えて働いているかを十分理解できていないことが想像されます。またそれが，夜間の大事故・大惨事の一因ともなっているのではないでしょうか。

　そこで，私たち公益財団法人大原記念労働科学研究所は，1921年の設立以来，一貫して行ってきた夜勤・交代勤務研究の成果と夜勤リスクの最新の知見を加え，2015年5月に『シフトワーク・チャレンジ 公式問題集』を刊行しました。

　おかげ様で，読者の皆さまには，「夜勤者の生理・心理がわかった」「効果的な夜勤疲労の回復法があるんだ」「人間工学的な夜勤の勤務編成とはこういうことなんだ」と，たいへんご好評をいただきました。それに気をよくしたプロジェクト企画委員会では，発刊から2年が経過したこともあり，このたび，テキストのサイズを大きくして見やすくし，また定価も抑え，新しい仕組みとともに皆さまにご提供することにより，一層の普及を図ることにいたしました。

　具体的には，まずこのテキストで勉強して，定期的に開催している試験「シフトワーク・チャレンジ」に挑戦してください。次に試験に合格した方の中から希望者には専門研修を受けていただき，研修修了者には初級交代勤務アドバイザーになっていただきます。さらには上級アドバイザーの資格を得る道もつくりました。

　このようにシフトワーク・チャレンジは，夜勤・交代勤務を行っている各業種・団体の格付け検定「夜勤・交代勤務版ミシュラン」として，皆さまとともに夜勤・交代勤務リスク低減の一端を担いたいと考えております。

　2017年5月1日

公益財団法人 大原記念労働科学研究所
シフトワーク・チャレンジ プロジェクト企画委員会

目　次

I章　夜勤・交代勤務　QA

Q79 労研饅頭とは何ですか？

Q80 仮眠とは通常の睡眠の何％以下の睡眠をいいますか？

II章　シフトワーク・チャレンジ　想定問題

Shift Work Challenge

I 章

夜勤・交代勤務　QA

80 問の QA から構成されています。どのセクションから読まれてもかまいません。「夜勤・交代勤務の人間工学的な勤務編成」では，1982 年に発表されたルーテンフランツ 9 原則を中心にまとめられています。「産業別の夜勤・交代勤務」では，夜勤・交代勤務を行っている特徴的な産業を挙げ，その好事例や課題を学びます。「夜勤・交代勤務の生理学・心理学」では，人間の機能の点から夜勤対策のメカニズムに迫ります。さらに「夜勤・交代勤務の知識」では，夜勤・交代勤務に関するためになる知識やトリビアまで知ることでスノッブ心をくすぐります。

夜勤・交代勤務の成り立ちはどのようになっていますか?

解説

図1のように分類するとわかりやすいといわれています。まず輪番交代か固定勤務で分けます。輪番交代とは,3交代ならば,日勤,夕勤,夜勤を1人の労働者が順繰り勤務していくのか,それともある労働者は日勤だけ,違う労働者は夕勤だけ行うのかということです。それによって狭義の交代勤務と固定勤務に分けられます。固定勤務では「職場は交代制だけど日勤専従だ」などと表現します。その次は,深夜勤務を含むか否かで分けます。深夜勤務は労働基準法によって22時から5時までですから,その時刻帯に働いているか否かで判断します。次に24時間操業するか否かで分けます。24時間操業するものを全日制といいます。その後,週末も働くのか,それとも週末が休みかで分けます。週末も働く場合は連操型(連続操業の意味)といいます。その後,交代数と組数に分けます。ちなみに「こうたい勤務」は「交替」と書いたり,「交代」と書いたりしますが,新聞では「交代」と書くので,2001年の葉山で開かれた国際夜勤・交代勤務シンポジウムの準備委員会で「これからは交代と書こう」と取り決めました。また,交代勤務編成が週や月など短期間で作成される交番表勤務(roster work)や,各直の交代時刻に時間的な重なりであるラップタイムがあるかなどでも分類されます。

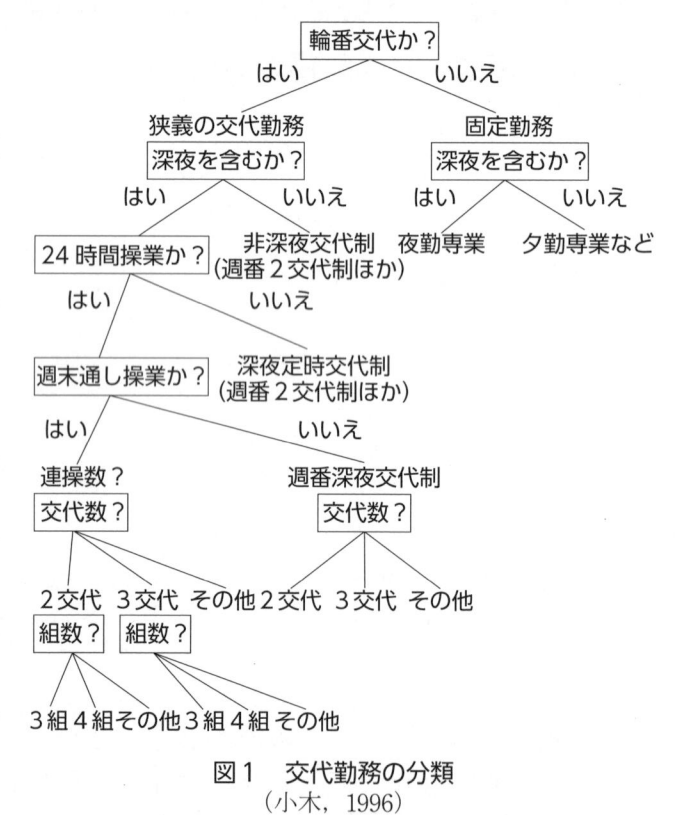

図1 交代勤務の分類
(小木, 1996)

【典拠】
・小木和孝. 10. 3交替制. 三浦豊彦, 池田正之, 桜井治彦, 鈴木継美, 高田勗, 西岡昭, 野村茂, 房村信雄編. 現代労働衛生ハンドブック. 労働科学研究所, 1996:1220.

Q2 4組3交代とはどんな勤務ですか？ この4組3交代という制度からどんな法則性を導き出すことができますか？

解説

　4組3交代とは，4つの班で3つの時刻帯をカバーして働くという意味ですが，1人の労働者の立場から見ると，4日のうち3日働いて1日休むということになります。この時，勤務開始日から休日が終わるまでの日数を1周期と呼びます。同じように，5組3交代とは5日，つまり1周期が5日であり，そのうち3日働いて2日休むという制度です。このことは，2交代制でも同じです。3組2交代は，3日のうち2日働いて1日休むという制度です。これらのことから夜勤・交代勤務編成を組む時には，3つの法則性を導き出せます。3交代制の場合を考えてみましょう。1つの法則性は，3交代の場合は，勤務開始から休日までの1周期あたりの勤務日が必ず3の倍数になることです。2つ目の法則性は，勤務数と休日数を加えた日数が組数になることです。4組3交代の場合，3日が勤務数ですから，4－3＝1が休日数になります。つまり勤務数3日＋休日1日で組数が4組になるわけです。3つ目は，周期はかならず，組数の倍数になるということです。4組3交代の場合は，かならず1周期が4の倍数になります。

【典拠】

・日本労働組合総連合・時短センター編著. 交替・変則勤務の労働時間短縮. 労働教育センター, 1992.
・酒井一博. 基礎から学ぶ交代制勤務の実務——交代制勤務パターンについて考える：主要23ケース. 労政時報　2006；3679：70-90.

Q3 2交代勤務とはどんな勤務ですか？ また，夜勤を長時間行う2交代勤務は，世界的に見て流行しているのですか？

解説

　2交代勤務とは日勤と夕勤，日勤と夜勤，夕勤と夜勤のように2つのシフトから構成される勤務です。諸外国では，2交代勤務といった場合，夜勤を含まない勤務，つまり日勤と夕勤を意味することが多いのです。また夜勤を含んだ場合も夜勤12時間の12時間2交代にすることが多いのです。一方，わが国においては，とくに看護職場や介護職場では，1日24時間を日勤8時間，夜勤16時間とする2交代が多いことが知られています。これらの職場では，労働対象がモノではなく，患者というヒトであることから，労働時間が長くなり，夜勤を長時間行うことによって疲労を進展させがちです。たとえば，表1は，看護師の生活時間記録から，計画したシフトと実際のシフトに従事した比率を労働時間別に示したものです。表から，もっとも労働時間の長い12.5時間以上シフトにおいて，「計画のシフト」より「実際のシフト」が44％から62％に増えていることがわかります。しかしながら，12.5時間以上のシフトでも，16時間以上の超長時間シフトは，計画のシフトで全体の0.5％，実際のシフトでも1.4％に過ぎないと報告され，欧米では16時間シフトはまれなのです。それは，英語で16時間夜勤をdouble 8 hours night shift（8時間の2倍の夜勤シフト）と記すのに関係しているかもしれません。

表1　28日間の看護師の計画と実際の労働時間

n=6017 シフト	計画のシフト		実際のシフト	
	n	%	n	%
8.5 時間以下	1550	26	543	9
8.5 − 12.5 時間	1798	30	1720	19
12.5 時間以上	2613	44	3748	62

（Rogers ら，2004 を改編）

【典拠】

- Åkerstedt T, Nilsson PM, Kecklund G. Sleep and recovery. In : Sonnentag S, Perrewé PL, Ganster DC. eds.Current perspectives on job-stress recovery. Bingley, Emerald Group Publishing Limited ; 2009 : 205 − 247.
- Rogers AE, Hwang WT, Scott LD, Aiken LH, Dinges DF. The working hours of hospital staff nurses and patient safety. Health Aff（Millwood）2004 ; 23（4）: 202 − 12.
- Rosa R. 10. What can the study of work scheduling tell us about adolescent sleep? In. Carskadon MA eds., Adolescent sleep patterns. Cambridge, Cambridge Univ. Press　2002 : 165.

L（エル）勤とは何ですか？　L勤を勤務制に入れる理由は何ですか？

解説

　4組3交代の年間休日は91日です。週休2日の日勤労働者は，1年が約52週なので，年間休日は104日になります。2015年の場合，祝日法による休日は17日，年末年始の休日（12月29日〜1月3日）が6日として，それらが重なって相殺される日（1月1日，1月3日，3月21日，5月3日）は4日ですから，合計の休日は123日です。ということは，4組3交代の年間休日より32日多いわけです。これでは，ただでさえも夜勤・交代勤務者は安全，健康，生活の質の上で不利益を被っているのですから，大きな問題となります。そこで，休日を増やすために「L勤（Long勤務の意味）」を挿入しようという対策です。具体的には日勤と夕勤の16時間の連勤，日勤と半分の夕勤の12時間の半連勤があります。これは勤務間隔時間からみたら，圧縮勤務（compressed working weeks）の一形態です。L勤の導入で休日を増やした例として発電所の中央操作室のシフト編成が有名です。最初のシフトは8日周期の4組3交代でした。具体的には，日勤＋日勤＋夕勤＋夕勤＋夜勤＋夜勤＋休日＋休日というものです。それを日勤＋連勤（日勤＋夕勤）＋夕勤＋夜勤＋夜勤＋休日＋休日＋休日としたのです。このように2日目は長時間労働になりますが，その際の労働負担を軽減することができれば，夜勤・交代勤務者にも休日を増やそうというのは望ましいことです。一方，看護職場や介護職場で行われている準夜勤（宵勤，夕勤のこと）と深夜勤（夜勤のこと）の16時間夜勤は，問題性を孕んでいます。第一に，生体リズム上で問題のある夜勤を含む長時間労働であることです。病院職場の16時間夜勤では，夜勤時に2時間の仮眠時間がとれることになっていますが，労働対象が患者であるために，必ずしも仮眠がとれる保証がありません。また仮眠がとれる場合でも，夜勤の人員配置では，いつもの就寝時刻より前に仮眠をとらざるをえず，入眠に時間がかかってしまうので効果が半減してしまいます。したがって夕勤と夜勤のL勤をどうしても導入する場合は，労働負担の軽減ができる対策が求められるのです。

【典拠】

・日本労働組合総連合・時短センター編著. 交替・変則勤務の労働時間短縮. 労働教育センター, 1992.
・佐々木司, 松元俊. 16時間夜勤を行う看護師の主観的眠気の発現. 労働科学　2013;89(6): 218 − 224.

夜勤・交代勤務で，圧縮勤務とはどのような制度ですか？

解説

夜勤・交代勤務は，いくつかのシフトを1日内に配分して，業務を引き継ぎながら分担していく勤務です。通常，8時間3交代の循環する方向は，日勤→夕勤→夜勤と，日勤→夜勤→夕勤といった2つが考えられます。前者は，正循環（clockwise rotation），後者は逆循環（counter clockwise rotation）と呼ばれます。その時，正循環の勤務間隔時間は，均等に24時間になります。一方，逆循環の場合は，日勤→夜勤や夕勤→日勤には8時間しかありません。しかしながら，夜勤→夕勤の勤務間隔は32時間あることになります。このように一つの勤務間隔時間を短くして，一つの勤務間隔時間を長くした組み合わせを圧縮勤務（compressed working weeks）といいます。その典型が看護師で行われている図2に示した16時間夜勤です。左が通常の3交代の勤務，右が圧縮勤務です。左の図から深夜勤（夜勤）と次の日勤までの勤務間隔時間は48時間あります。一方，右の図は，準夜勤（宵勤，夕勤）と深夜勤（夜勤）の間にあった休日をとってしまって，その勤務間隔時間を0時間（圧縮）にして，16時間の連続勤務とし，夜勤の後にとった休日をつけて72時間確保した例です。一方16時間夜勤は，夜勤後の勤務間隔時間が長くなるため，本務を離れてアルバイトする，いわゆるムーンライター（moonlighter）が増え，本務の安全を脅かしかねないという指摘もあります。

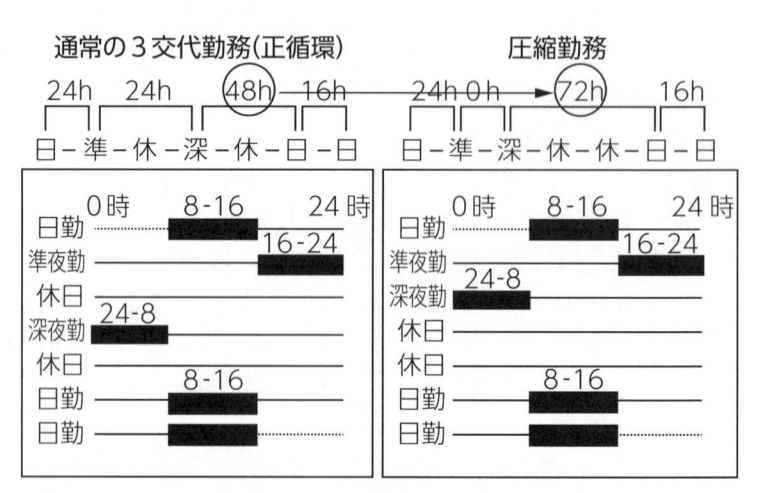

図2　看護師にみられる16時間夜勤の圧縮勤務（佐々木，2011）

【典拠】

・Volle M, Brisson GR, Pérusse M, Tanaka M, Doyon Y. Compressed work-week : psychophysiological and physiological repercussions. Ergonomics　1979 ; (9) : 1001 – 10.

・佐々木司. ルールがわかれば変わる看護師の交代勤務. 看護の科学社, 2011.

夜勤・交代勤務の中で，交番表勤務とはどんな勤務ですか？

解説

　夜勤・交代勤務では，シフトスケジュールが，規則正しく一定の法則性をもって循環します。多くの夜勤・交代勤務者は，年間のシフトスケジュール表を持っていて，「来年の娘の誕生日は，何のシフトかな。休日だから，家族と一緒に外食しようかな」と計画することができるのです。しかし勤務表が1週間や1ヵ月ごとに作成される職種もあるのです。典型は，病院職場や飲食業でしょうか。そのような勤務を交番表勤務（roster work）といいます。おそらくこれらの職種で，交番表勤務が行われる理由は，看護師ならば，日勤時の人数が多く，準夜勤（宵勤，夕勤）や深夜勤（夜勤）の人数が少ないため，規則正しく一定の方式でシフトを回して行くのが難しいのでしょう。ちなみに，看護師の準夜勤（宵勤，夕勤）や深夜勤（夜勤）の人数が少ないのはなぜでしょうか？　それは，看護師の労働対象である患者が，夜に眠るものだと想定されているからなのです。また飲食店ならば，1週間の客入りの変化が激しいことが原因でしょう。そのような職種では，年間のスケジュールが組みにくいのです。そこで，1週間や1ヵ月ごとにシフトが作成されることになります。確かに，1週間や1ヵ月でスケジュールが変わることは，ルーテンフランツ9原則【原則3】で記されているように，夜勤・交代勤務者のシフトを柔軟にしている点では，良い面があります。たとえば，子供の学校行事に参加したい場合は，すでに決まっているシフトですと，参加できない場合がありますが，たとえば1ヵ月ごとの勤務表では，自分の休みの希望を入れられるということです。しかし，1ヵ月ごとの勤務表では，1ヵ月以降のシフトが決まっていないのですから，それ以降の生活の上で予定を立てることがなかなかできないという問題が生じます。よく看護師の間では，「勤務表は永遠のベストセラーだ」といわれるゆえんです。これに対しては，3ヵ月単位で勤務表を作成するとか，せめて5月のゴールデンウイークや9月のシルバーウィークを含む場合は，少なくとも半年前にはスケジュールが決まるなどの工夫が必要です。国民の連続的な祝日に自分が勤務なのか休みなのかが，1ヵ月や1週間前にわかっても，予約はとれないからです。

Q7 日勤，夕勤，夜勤，休日を，2日－2日－3日で回していくヨーロッパ型の交代編成を何といっていますか？

解説

　いまでは交代勤務といえば，夜勤を含む交代勤務を指すようになりました。しかし以前は，昼間だけのシフトでありましたし，週末は休日であったことが多かったのです（非連続型）。しかしヨーロッパ大陸では，夜間や週末も加えてシフト編成が行なわれていて，生体リズムや生活リズムが乱れる問題が生じていました。とくに週末が多くの日勤者と同じ休日にならないことは，社会生活を営む上で大きな問題でした。そこで考えられたのが，表2のような日勤，夕勤，夜勤，休日を2日－2日－3日で回していくコンチネンタル型です。この名前は，イギリスから見たヨーロッパ大陸（コンチネンタル）が語源だそうです。このコンチネンタル型のシフト編成は，夜勤が連続3日間続くことがありますが，1ヵ月に1回3連続の週末休日が続くことが魅力といえます。

表2　コンチネンタル型シフト

1週目							2週目						
2		2		3			2		2		3		
月	火	水	木	金	土	日	月	火	水	木	金	土	日
深	深	日	日	夕	夕	夕	休	休	深	深	日	日	日

3週目							4週目						
2		2		3			2		2		3		
月	火	水	木	金	土	日	月	火	水	木	金	土	日
夕	夕	休	休	深	深	深	日	日	夕	夕	休	休	休

【典拠】

・ルーテンフランツ．天明佳臣，酒井一博訳．交代勤務者の健康と家庭生活．労働科学維持会資料　1988，労働科学研究所．

Q8 オンコール勤務の問題は何ですか？

解説

　夜間は人間の休息時刻帯であることから，夜勤時は日勤の仕事量より少ないことがよくあります。そのような場合は，夜勤をシフト編成に組み込まないで，非常時だけに対処するほうが効率的と考えることができます。それがオンコール勤務です。オンコール勤務は，たとえば開業医，研修医，移植コーディネーター，訪問看護師，消防士，IT保守などで見られます。またITの深化によって，勤務編成がパッチワークのように組まれると，どうしても少ない人数で効率的にシフトを回しがちです。すると班員が病欠をしたとしてもシフトに穴が開かないように，あらかじめシフトにオンコール勤務を組み込む場合があります。たとえば，運航乗務員（パイロット）や客室乗務員がそうです。そういうときは，彼らの勤務表にはスタンバイ（SB）と記されています。図3は，同様に，船舶の見張り番勤務（watch keeping）において，オンコールなし（上図）とオンコールあり（下図）の徐波睡眠圧の強さを示しています。徐波睡眠圧とは，徐波睡眠を出す圧力のことです。この徐波睡眠圧が強いと，疲労の回復効果が高いことを意味します。図をみますと，オンコールあり（下図）の勤務の場合，2回アラームが鳴っています。その際，オンコールあり（下図）では，オンコールなし（上図）よりもアラームが鳴る前から徐波睡眠圧が低いことがわかると思います。これはオンコールあり（下図）では，アラームが鳴らなくても「今日はオンコール勤務だ」と思うだけで疲労の回復効果は落ちてしまうことを意味しています。

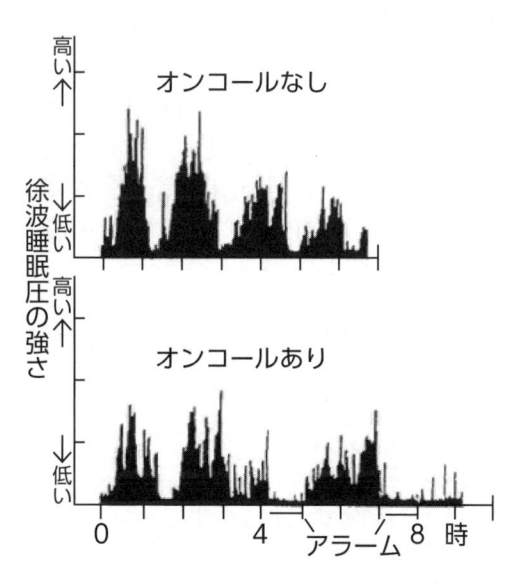

図3　オンコールありなし別の徐波パワー値
（Torsvall と Åkerstedt，1988 を改編）

【典拠】

・Ware JC, Risser MR, Manser T, Karlson KH Jr. Medical resident driving simulator performance followinga night on call. Behav Sleep Med　2006；4(1)：1-12.
・Torsvall L, Åkerstedt T. Disturbed sleep while being on-call：an EEG study of ships' engineers. Sleep　1988；11(1)：35-8.

期間設計労働時間 (period planned work hours) とは何ですか？

Q9

解説

　古典的な夜勤・交代勤務では，シフトの循環が規則正しいため生体リズムを崩しにくい利点はあるものの，融通性に欠ける側面があります。そこで，夜勤・交代勤務職場で，さまざまなシフトの弾力化が行われています。たとえばスウェーデンの警察官や医療労働者，交通，小売業などで広く行われているのが期間設計労働時間 (period planned work hours) という制度です。雇用者が提出する4〜6週間にわたる業務の人員配置リストを見て，自分の働きたいシフトを埋めていくという方法です。その場合，当然，自分の希望が100%通るわけではないので，人員が足りない場合は，雇用者に決定権があります。この制度は，フレックスタイム制がシフトの開始時刻と終了時刻だけが（±1時間ですが）自分で決められるのに対し，勤務日と休日も決められる点で，より個人の柔軟性を重視した勤務編成といえます。表3は古典的な交代制の警察官と期間設計労働時間を選択している警察官の労働時間への評価を示したものです。期間設計労働時間を選択している警察官は，6連続以上の勤務やシフトの間に1日の休みしかないことも多く，2連続以上の夜勤が多く，筋骨格系の症状も高いことが記されていますが，労働時間への満足度は高く，勤務間隔時間が9時間未満のいわゆるクイック・リターンも少なく，10時間より長い労働時間も少なく，4連続休日数も多いという特徴があります。

表3　古典的な交代制と期間設計労働時間を選択した警察官の労働時間の評価

変数	古典的な交代制		柔軟な交代制	有意差
労働時間への満足度	3.3 ± 0.09	<	2.3 ± 0.06	p <0.001
9時間以下の勤務間隔時間が1カ月間に数回ある(はい)	78%	>	62%	p <0.01
10時間より長い労働時間が1カ月間に数回ある(はい)	55%	>	43%	p <0.01
6連続勤務が1カ月間に数回ある(はい)	6%	<	21%	p <0.001
4連続休日が少なくとも1カ月間に1回ある(はい)	27%	<	50%	p <0.001
シフトの後に1日の休みしかないことが少なくとも1カ月間に1回ある(はい)	27%	<	50%	p <0.001
2連続夜勤以上の連続夜勤がある(はい)	32%	<	64%	p <0.001
筋骨格系の症状(5=いつもある)	1.9 ± 0.06	<	2.0 ± 0.05	p <0.05

(Eriksen と Kecklund，2007 を改編)

【典拠】

・Eriksen CA, Kecklund G. Sleep, sleepiness and health complaints in police officers : the effects of a flexible shift system. Ind Health　2007 ; 45(2): 279 - 88.

夜勤・交代勤務編成に対する国際的なガイドラインにルーテンフランツ9原則がありますが，どのような原則ですか？

Q10

解説

ドイツの故ルーテンフランツ教授らは，1982年に京都で開催された第6回国際夜勤・交代勤務シンポジウムで，人間工学的な夜勤・交代勤務編成の作成のために「ルーテンフランツ9原則」を発表しました。この原則は，【原則1】連続夜勤は避けるべきである，【原則2】日勤の開始時刻は早くすべきでない，【原則3】シフトの交代時刻は個人に融通性をもたせるほうがよい，【原則4】シフトの長さは労働負担によって決め，夜勤は他の勤務より短くすべきである，【原則5】2つのシフトの短い勤務間隔時間は避けるべきである，【原則6】連続勤務を行う場合は，少なくとも2連続休日の週末を含むべきである，【原則7】連続勤務においては，（時計回りの循環の）正循環にすべきである，【原則8】シフトの（勤務開始から休日までの）1周期は長くすべきでない，【原則9】シフトの循環は規則正しく行われるべきである，の9つです。この9原則をよく読むと，あいまいなところが多いように感じられますが，それゆえにどの職場でも適応でき，時代を選ばない原則となっています。とくに原則3は，硬直化しやすい夜勤・交代勤務制度に融通性を持たせているところが先見的といえるでしょう。

表4 ルーテンフランツ9原則（Knauth と Rutenfranz，1982）

1. 連続夜勤は避けるべきである。
2. 日勤の開始時刻は早くすべきでない。
3. シフトの交代時刻は個人に融通性をもたせるほうがよい。
4. シフトの長さは労働負担によって決め，夜勤は他の勤務より短くすべきである。
5. 2つのシフトの短い勤務間隔時間は避けるべきである。
6. 連続勤務を行う場合は，少なくとも2連続休日の週末を含むべきである。
7. 連続勤務においては，（時計回りの循環の）正循環にすべきである。
8. シフトの（勤務開始から休日までの）1周期は長くすべきでない。
9. シフトの循環は規則正しく行われるべきである。

【典拠】

・Knauth P, Rutenfranz J. Development of criteria for the design of shiftwork systems. J Hum Ergol 1982 ; 11 Suppl : 337 - 67.
・ルーテンフランツ．天明佳臣，酒井一博訳．交代勤務者の健康と家庭生活．労働科学維持会資料 1988，労働科学研究所．

夜勤・交代勤務では，交代する方向に正循環，逆循環と名前がついています。逆循環シフトとは何ですか？

解説

　夜勤・交代勤務は，いくつかに分かれた組（班）が，1日24時間内の労働時間をいくつかに分けた時刻帯で勤務していく働き方です。したがって，たとえば3交代の場合は，日勤，夕勤，夜勤があるわけですから，日勤を起点に考えますと，日勤→夕勤にシフトする組合せと，日勤→夜勤にシフトする組合せが考えられます。これを交代する方向という意味で，交代方向（shift direction）といいます。この交代方向は，人間の生体リズムが24時間より長いことから，時刻を遅らせる時計まわりの日勤→夕勤の方が，時刻を前倒しにする反時計まわりの日勤→夜勤より，体に優しい勤務であるといわれます。その時，日勤→夕勤を正循環，日勤→夜勤を逆循環といいます。同様に，夕勤→日勤や夜勤→夕勤のようなシフトの組み合わせも逆循環になります。正循環が逆循環より体に優しい勤務であることを示唆する研究があります。図4は，老齢マウスを8週間の間，6時間ずつズラして時計まわり（正循環）で生活させるか，反時計回り（逆循環）で生活させた場合の生存率を比較したものです。このような夜勤・交代勤務の研究は，人間ではできないので，小動物を使って行います。図を見るとわかるように，まったくリズムをずらさないマウスでも8週間後の生存率は83％でした。正循環のマウスですと生存率は68％，なんと逆循環ですと生存率は半分以下の47％にもなってしまいました。

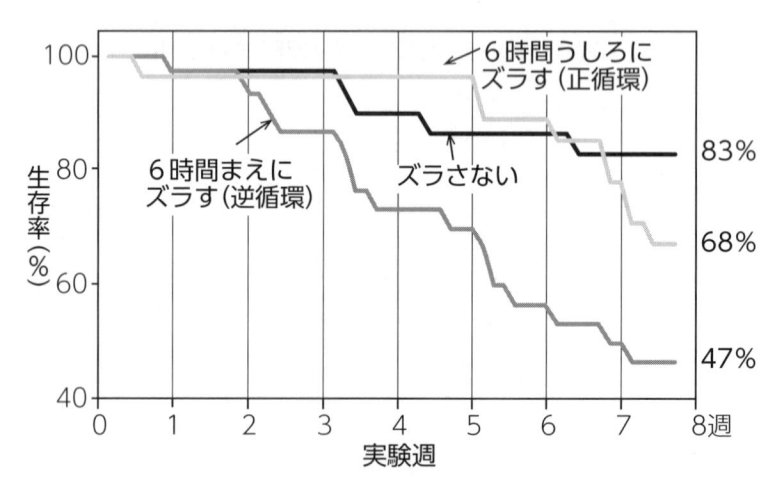

図4　老齢ラットの生体リズム変調と生存率
（Davidson ら，2006 を改編）

【典拠】

・ Davidson AJ, Sellix MT, Daniel J, Yamazaki S, Menaker M, Block GD. Chronic jet-lag increases mortalityin aged mice. Curr Biol　2006 ; 16(21) : R914－6.

夜勤・交代勤務は，日勤，夕勤，夜勤のように異なる時刻のシフトから構成されています。このシフトを交代する順序では，日勤→夜勤よりも日勤→夕勤のほうが健康にいいといわれています。どうしてよいのですか？

解説

　一つのシフトで生じた疲労は，なるべく持ち越さないで，そのシフト後の勤務間隔時間で回復するのが理想です。日勤→夕勤（1直→2直，日勤→準夜勤）の場合，労働時間を残業なしの8時間としますと，日勤が17時ごろ終わって，翌日の17時までですから，24時間あることになります。通常，日勤者の勤務間隔は最大で16時間ですから，日勤者より長くなり，疲労の回復がなされるのです。ルーテンフランツ9原則でも，【原則7】に「7. In continuous shift systems a forward rotation should be preferred（連続勤務においては，時計が進む循環にすべきである）」とあります。この「a forward rotation（時計が進む循環）」とは，日勤→夕勤→夜勤のように時計回りの循環のことを意味します。これを正循環（clockwise rotation）といいます。正循環が体に良い理由は，生体に影響を及ぼすリズムが24時間きっかりではなく，24時間より長いことにあります。図5は，睡眠，食事，光を計画的にとらせた場合と，自由にとらせた場合の睡眠時間を示しています。睡眠や食事，光を，個人の自由でとらせると，下の図のように，本来の24時間より長いリズムが表面に出て，睡眠開始時間が後ろにずれていることがわかります。このことから，交代方向も後ろにズラススケジュールが望ましいのです。

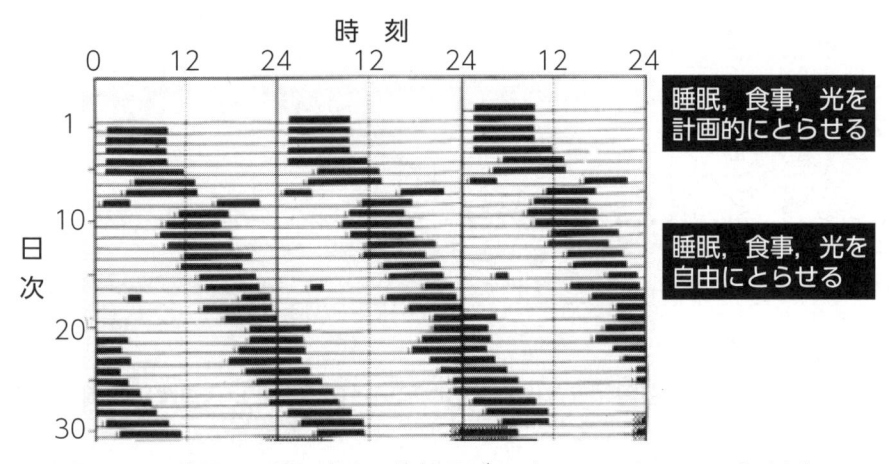

図5　24時間より長い本来の生体リズム（Czeisler ら，1980 を改編）

【典拠】

・Czeisler CA and Guilleminault C eds. REM sleep : Its temporal distribution 1980 New York : Raven Press.

Q13 なぜルーテンフランツ9原則では早朝勤務を問題視しているのですか？

解説

　ルーテンフランツ9原則の【原則2】は，「2. The morning shift should not begin too early（日勤シフトは早くすべきでない）」であり，早朝勤務の問題を指摘しています。なぜなら早朝勤務は，「翌日に起きなければいけない」と思うことで，いつもより早く起きてしまい，睡眠時間が短くなってしまうからです。たとえば睡眠から覚醒する際には，脳下垂体からストレスホルモンであるアドレノ・コルチコ・トロピック・ホルモン（Adreno Cortico Tropic Hormone；ACTH）が放出されます。そのホルモンを3つの条件で比較したのが図6です。第1条件は「翌日は6時に起きてください」と教示される条件，第2条件は翌朝6時に強制覚醒される条件，第3条件は「9時に起きてください」と教示される条件です。図を見ると，「翌日は6時に起きてください」と教示される条件では，6時の1時間前からACTHの値は徐々に高くなっています。このように，早朝勤務は，睡眠の量や睡眠の質を悪化させる問題があるのです。

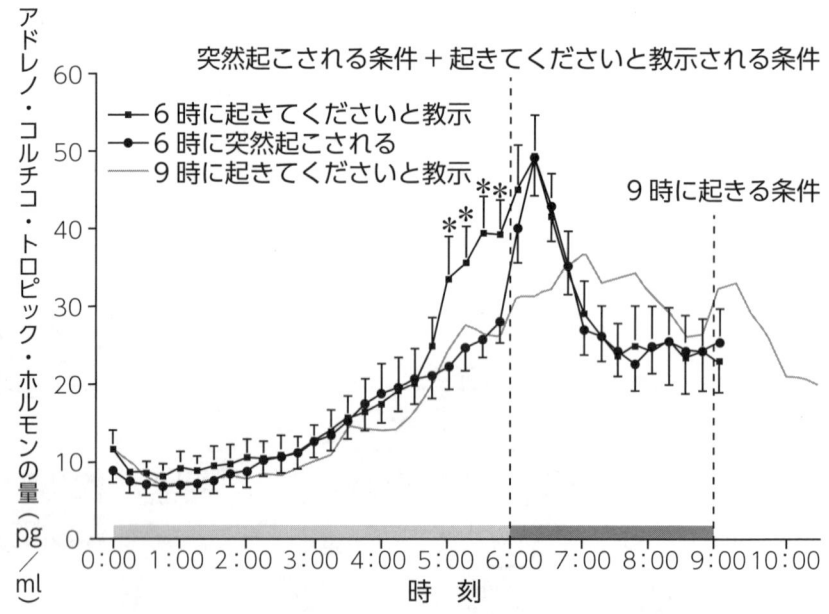

図6　翌日起きなければいけないというストレスが睡眠時間を短くする
（Born ら，1999 を改編）

【典拠】

・Born J, Hansen K, Marshall L, Mölle M, Fehm HL. Timing the end of nocturnal sleep. Nature 1999；397500（6714）：29－30.
・Kecklund G, Åkerstedt T, Lowden A. Morning work：eff ects of early rising on sleep and alertness. Sleep1997；20（3）：215－23.

夜勤・交代勤務者には，十分な勤務間隔時間が必要なのはなぜですか？

解説

　物理的に時間があることと，その物理的時間を有効に使えることは，意味がまったく違います。まず人間には生体リズムがあります。このリズムということは，たとえば睡眠でいえば，眠りやすい時刻帯と眠りにくい時刻帯があるということです。したがって物理的に十分な休息時間が確保されているといっても，そのすべてを休息に使うことができません。また夜勤・交代勤務者は，さまざまな時刻で働くことになりますから，生活パターンが日勤者とは異なっています。夜勤入りの日は，遅めに起きたとしても，日勤者と違ってすぐ仕事になるわけではないので時間があります。しかし，夜勤までの時間を有効に使えないのです。図7は，2連続の12時間2交代を行っている清掃労働者のデータです。縦軸の1〜5の番号は，夜勤・交代勤務者の行動範囲です。この工場の夜勤は20時から開始されますから，夜勤初日の20時の行動範囲は「2」の職場を示しています。この夜勤初日ですが，13時ごろまでは「5」の自宅から30分の場所のような遠いところに出かけています。しかし，午後は，ほとんどどこにも出かけていないことがわかると思います。つまり，夜勤・交代勤務者は，夜勤の前は勤務間隔時間で自由な時間であっても勤務に心理的に拘束されてどこにも出かけられないのです。また，夜勤中日では外出することはほとんどなく，家で休息していることがうかがわれます。

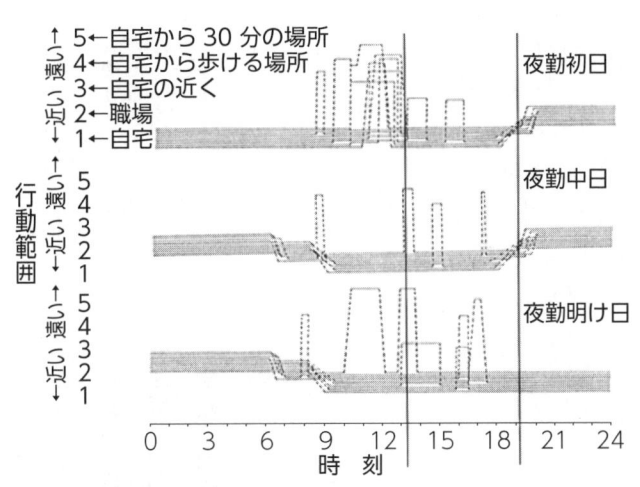

図7　夜勤者の勤務と行動範囲（Sakai ら，1982 を改編）

【典拠】

・Sakai K, Kogi K, Watanabe A, Onishi N, Shindo H. Location-and-time budget in working consecutive nightshifts. J Hum Ergol　1982 ; 11(Suppl): 417 – 28.

Q15 どうしても連続夜勤をしなければいけない時, 何日までなら許容できますか？

解説

　ルーテンフランツ９原則の【原則１】では,「連続夜勤はなるべく避けるべきである（a shift system should have few night shifts in succession）」と記されています。しかし, 実際は勤務編成上, 連続夜勤をせざるをえない場合があります。その時は, 何日まで許容されるのでしょうか？　そのヒントが図８です。図は, １日８時間睡眠の基準日, その後睡眠時間を７日間にわたって９時間（■）, ７時間（△）, ５時間（◇）, ３時間（○）にし, それにつづく３日間は, 回復睡眠である８時間睡眠をとらせた時の反応時間の速さを示しています。図を見ますと, ３時間のような非常に短い睡眠時間では, 他の睡眠時間に比べて反応時間が遅いことがわかります。しかし, そのような反応時間も, 実験２日目までは著しく遅くなっていないことも見てとれます。このことは, 眠気が強い夜勤でも同じで, ２日目までは我慢できるということを意味しています。考えてみれば,日勤者の水曜日に配置されているノー残業デーもこれに準拠しているように思われます。月曜日, 火曜日の２日間は残業し, 水曜日は残業なしで, 再び木曜日, 金曜日の２日間は残業をするといった場合が, そうです。

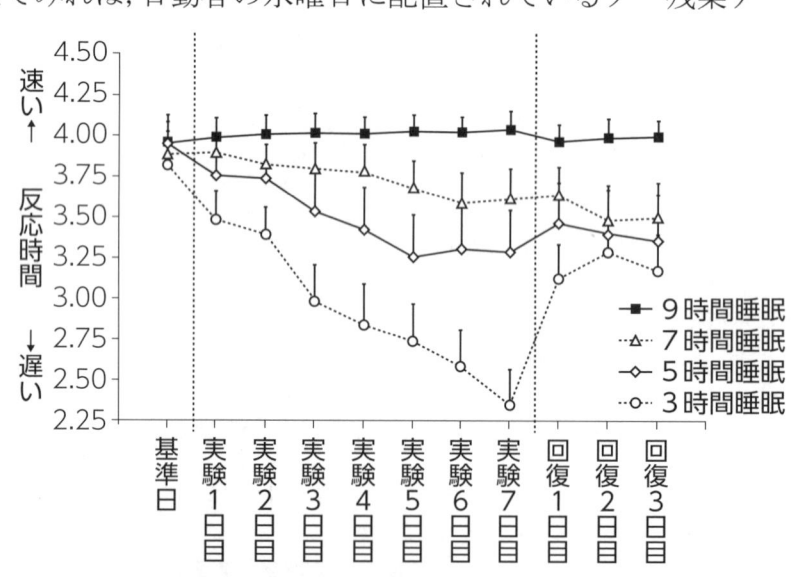

図8　睡眠時間と反応時間の遅れ（Belenky, 2003 を改編）

【典拠】

・Belenky G, Wesensten NJ, Thorne DR, Thomas ML, Sing HC, Redmond DP, Russo MB, Balkin TJ. Patternsof performance degradation and restoration during sleep restriction and subsequent recovery : a sleepdose-response study. J Sleep Res　2003 ; 12(1): 1 - 12.

Q16 見かけ上，夜勤に生体リズムが適応しているように見えることとはどういうことですか？

解説

　人間は，社会的な動物であるため，生体リズムが完全に昼夜逆転する，つまり夜勤に完全に適応するためには，社会も逆転している必要があります。しかしながら，夜勤を連続して行っていると，夜勤がつらくない日も生じることがあります。人間の適応能力のなせる業（わざ）といえるでしょう。しかしそれは一時的なので「見かけ上の夜勤適応」といわれます。図9は，実験的に7日間の連続夜勤をしてもらい，その時のパフォーマンスの成績とそれに対応する血中アルコール濃度を示したオーストラリアの研究です。図を見ますと夜勤1日目が最もパフォーマンスが悪く，徐々にパフォーマンスが改善していき，夜勤4日目には，血中アルコール濃度がオーストラリアの酒気帯び運転の血中アルコール濃度基準の0.05％を下回っています。したがって夜勤4日目で夜勤に適応したことがわかります。しかし5日目には再び反応時間の遅れが生じ，6日目，7日目も4日目ほどパフォーマンスの向上は見込めませんでした。したがって夜勤4日目のパフォーマンスの成績は「見かけ上の夜勤適応」であったことがわかるのです。

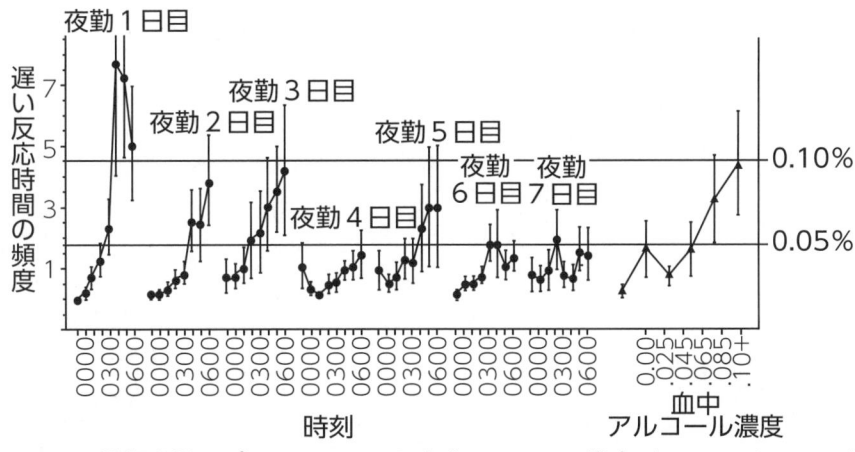

図9　7日間の模擬夜勤とパフォーマンスと血中アルコール濃度（Lamond ら，2004 を改編）

【典拠】

・Lamond N, Dorrian J, Burgess H, Holmes A, Roach G, McCulloch K, Fletcher A, Dawson D. Adaptation of performance during a week of simulated night work. Ergonomics 2004 5 ; 47(2) : 154 – 65.

Q17 夜勤・交代勤務者が行っている生活調整とは何を示すのですか？

解説

　夜勤・交代勤務者は勤務間隔時間が異なるので生活時間が窮屈なことも特徴です。睡眠時間ひとつとっても，シフトの組み合わせによって時間の長短が生じます。たとえば，表5は，看護師を対象にして連続するシフト間の睡眠時間を示したものです。表を見ると，最も短い睡眠時間は，夜勤－休日の4.84時間，最も長い睡眠時間は日勤－休日の8.93時間ですので，4時間も睡眠時間の差がありました。この睡眠時間の違いのさまは，夜勤・交代勤務者の生活調整のあり方に影響します。このような夜勤・交代勤務者の生活調整をまとめると4つあるといわれます。1番目は「何はさておいてもこれだけはする」です。夜勤・交代勤務者は，生活時間が不規則なため，あらかじめ必ず行うことを決めておくというのです。2番目は「こういうことはやらない,あきらめている」です。最近は自由にレッスン時間を決めることができる英会話教室などもありますから，だいぶ状況が変わってきていると思いますが，まだ多くの習い事は曜日が固定していることが多いものです。夜勤・交代勤務者は，毎日シフトが変わっていきますから，そのような習い事ができません。また土日が必ず休みになるわけではありませんので，土日が休みの日勤者との社会的交流も難しくなります。3番目は「することはするが，ためておいて後でまとめてする」です。掃除や洗濯などがそうでしょう。さらに4番目は「かわりものですます。かわりの人に頼む」です。夜勤・交代勤務者は人に物事を頼むのが上手だといわれるゆえんです。

表5　看護師の2つのシフトの組合せと睡眠時間

組合わせ 日(0730 － 2000) 夜 (1930 － 0730)	組合わせ間の 平均睡眠時間		95%信頼区間	N 数
日・日	6.79	←短	6.17 － 7.40	25
夜・夜	5.69	←短	5.05 － 6.30	25
日・休	8.93	←最長	8.32 － 9.53	26
休・休	8.53	←長	8.19 － 8.87	99
日・夜	8.47		7.64 － 9.30	13
休・夜	7.43		6.36 － 8.49	8
休・日	6.94		6.39 － 7.49	31
夜・休	4.84	←最短	4.13 － 5.48	20

(Hirsch ら，2014 を改編)

【典拠】

・Hirsch Allen AJ, Park JE, Adhami N, Sirounis D, Tholin H, Dodek P, Rogers AE, Ayas N. Impact of works chedules on sleep duration of critical care nurses. Am J Crit Care 2014；23(4)：290－5.
・酒井一博・植村秀子編著. ナース・ステーション午前3時. あゆみ出版. 1985.

夜勤の人員配置は，各職種によってどのように決まっていますか？

解説

　まだまだ夜勤の人員配置は，夜勤に特化して決まっている例はありません。それはやはり，日勤と夜勤の負担が異なることが労働法制などに取り入れられていないことが理由と考えられます。たとえば，わが国の看護師の患者に対する人員配置の比率は，2006年の診療報酬の改定に伴い，これまでは患者10人に対して看護師1人でしたが，患者7人に対して看護師1人の手厚い配置になりました。しかし，これは日勤，準夜勤（宵勤，夕勤），深夜勤（夜勤）に従事する看護師全員の平均値であり，夜勤の負担を何ら考慮したものではありません。また，表6に示した米国の看護師の人員配置と比べると，決して手厚いものではありません。航空業界では，2015年にルフトハンザ航空のLCCが墜落事故を起こしたことを契機にコックピット内の人員を常時2人とすることが報道されました。これまでもパイロットは時差や夜間運航，長時間運航を勘案して，機長1名，副操縦士1名（シングル編成），機長2名，副操縦士1名（マルチプル編成），機長2名，副操縦士2名（ダブル編成）で行われてきた経緯がありますが，厳密な基準があるわけではありません。また，客室乗務員と乗客の配置人員は1対50であり，これも夜勤を念頭に置いた基準にはなっていません。タクシー運転者の勤務形態は2車3人制といって，2台のタクシーを3人で共有する勤務で，A車に2日間乗って1日休んで翌日はB車に2日間乗って1日休んでと勤務しますが，これもタクシー車両に合わせた人員配置になっています。

表6　アメリカ看護師の人員配置（Aikenら，2010を改編）

	カリフォルニア州の法律における人員配置基準	看護師1人に対する各シフトの平均患者数（人）		
		カリフォルニア州	ニュージャージー州	ペンシルバニア州
内科―外科	5対1	4.8	6.8	6.5
小児科	4対1	3.6	4.6	4.4
集中治療室	2対1	2.1	2.5	2.3
遠隔測定（テレメータなど）病棟	5対1	4.5	5.9	5.7
がん専門病棟	5対1	4.6	6.3	5.7
精神科	6対1	5.7	7.0	7.9
分娩室	3対1	2.4	2.6	2.8

【典拠】

・Aiken LH, Sloane DM, Cimiotti JP, Clarke SP, Flynn L, Seago JA, Spetz J, Smith HL. Implications of the California nurse staffing mandate for other state. Health Serv Res 2010 ; 45(4): 904-21.

Q19 製造業では古くから夜勤・交代勤務が行われてきました。業種によって勤務形態に特徴はありますか？

解説

　夜勤・交代勤務を行っている業種というと，病院，電力，消防，警察のような公共サービス業の他には，古くから製造業に多くみられます。製造業で夜勤・交代勤務が採用される理由としては，生産技術上の理由が多くを占め，次いで企業採算性の必要があげられます。これは同時に，職場で採用される勤務制度のあり方にも反映されています。具体的には，週末に操業が中断する（週番型），1日単位では一定時間操業が中断するが週末も操業する（週末操業非全日型），週末も含めて毎日24時間連続操業する（連操型），といった分類になります。業種別にみると，週番型には繊維，ゴム，金属，輸送機器などがみられ，連操型には紙パルプ，石油，窯業，電力，ガス，水道，どちらの型もみられるのは食品，化学，鉄鋼，非鉄金属，電機です。また，夜勤・交代勤務の制度が業種や企業によって異なる理由の多くは，操業の中断が数時間もしくは1日単位で可能かどうか，電力料金の安い夜間を狙って操業するか，繁閑期による残業調整が必要かどうかで決まっているようです。中でも最も多く採用されている夜勤・交代勤務制度は連操型である4組3交代であり，ほぼ全ての製造業種で採用されている制度といえます。

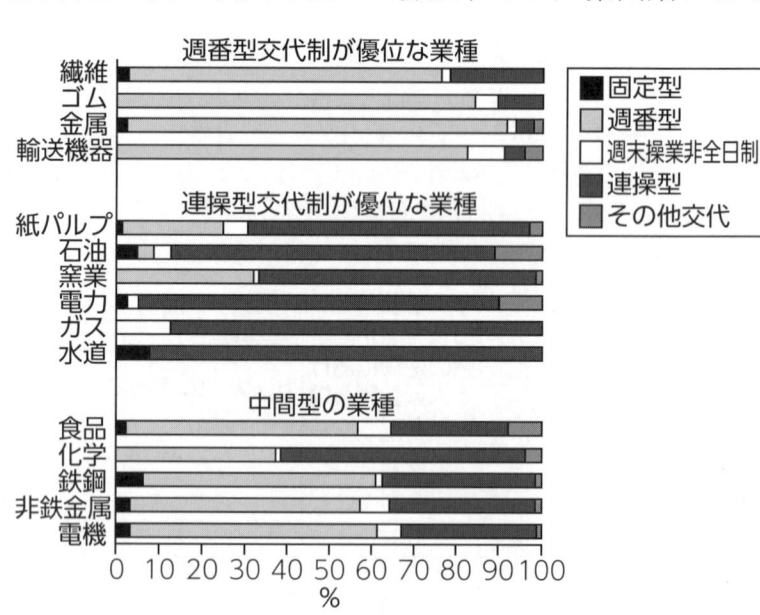

図10　採用される交代制と業種との関係

【典拠】
・酒井一博. 交代勤務編成の現場と改善. 労働科学　2000；76(10)：417-440.

Q20 小売業では店舗が 24 時間営業していなくても夜勤・交代勤務が必要になる場合があります。どのような状況が考えられますか？

解説

小売業においてデパートを例に考えてみると，コンビニエンスストアやスーパーマーケット，ドラッグストアでみられる 24 時間営業とは異なり，深夜営業はしていません。しかし，デパートの警備は 24 時間ですし，また，デパートは営業を終えても，飲食店フロアや駐車場は夜遅くまで営業していることが多いものです。また繁忙期や催事時期においては一時的に時間外労働として深夜まで業務が行われます。他の業種との接点を考えれば，店舗規模によっては営業時間外の夜間や早朝の納品への対応，品出しや売り場のディスプレイ変更などの業務が深夜に行われます。これらの深夜勤務は，取引先の派遣販売員，関連会社の従業員，外注・委託先の従業員にも求められるでしょう。1999 年の改正労働基準法の施行で女性の深夜業就業規制が撤廃されました。その際に，厚生労働省の「労使による深夜業に関する自主的ガイドライン作成支援事業」を通じて，7 業種において深夜業への就業環境の改善等に関して労使による自主的なガイドラインが策定されました。自動車関連製造，紡績，鉄鋼，電機，化学，食品に加えて小売業でも「百貨店労使による深夜業に関する自主的ガイドライン」が作成されています。2002 年の総務省統計で産業別にみると，正規・非正規職員合わせて女性が多いのは，医療・福祉に次いで，卸売業・小売業です。その後に，製造業，宿泊業・飲食サービス業と続きます。ガイドラインには，深夜勤務を行うにあたり，基本的な労働時間や休憩時間，勤務間隔時間についての配慮とともに，深夜勤務中に仮眠時間をとることが望ましいと書かれています。夜勤・交代勤務の影響は，第三次産業の中でも社会福祉施設や飲食店とともに，小売業での労働災害（主に転倒，腰痛）が多いことと少なからず関係があるのではないかと思えてなりません。

【典拠】
・百貨店労使による深夜業に関する自主的ガイドライン　2002 年 3 月
・総務省統計局　2012 年就業構造基本調査　http://www.stat.go.jp/data/shugyou/2012/
・厚生労働省　第 12 次労働災害防止計画について
http://www.mhlw.go.jp/stf/seisakunitsuite/bunya/koyou_roudou/roudoukijun/anzen/anzeneisei21/index.html

Q21 夜勤に従事している労働者を一定の期間，日勤に従事させて生体リズムを日勤型にする方式は日勤別置（にっきんべっち）と呼ばれて，夜勤・交代勤務者に有効な対策となっていますが，その方法をとっているのはどの職種ですか？

解説

　夜勤・交代勤務に従事していると，さまざまな時刻帯で働くことになりますので，生体リズムが崩れてきます。そこで一度，日勤を，たとえば1週間連続して行い，日勤型の昼起きて夜眠るという正常な生体リズムを形成させるのが日勤別置（にっきんべっち）という制度です。このような制度は，5組3交代を行っている電力や石油精製工場で取られています。表7は，電力会社の5組3交代の日勤別置のシフトスケジュールを示したものです。表の数値や文字は，「1」が日勤，「連」が日勤と夕勤の連続勤務，「2」が夕勤，「3」が夜勤を示しています。基本的なシフトパターンは，1→連→2→3→3→明け→休→休の8日周期で一循環するものです。ですから1日24時間を3つの班が担当し，残りの一つの班が休日，そしてもう一つの班が夜勤・交代勤務のシフトからはずれて14日間，日勤を行っています。表をみればわかるように，この月は，A班は1日〜14日までが日勤別置勤務（休日は通常暦に合わせる），B班は17日〜30日まで日勤別置勤務をしています。この会社では，日勤別置シフトの際には訓練を行っていました。このスケジュールを行っている労働者に話をうかがうと，日勤別置から再び夜勤・交代勤務に就くときは「非常につらい」のだそうです。すると，このようなシフトは，体に悪いのではないかと思われるかもしれませんが，「非常につらい」ということは，14日間の日勤別置によって昼業夜眠である本来の日勤志向型のリズムに戻ったことを示しているといえるわけです。

表7　電力会社の5組3交代の日勤別置

	1	2	3	4	5	6	7	8	9	10	11	12	13	14	15	16	17	18	19	20	21	22	23	24	25	26	27	28	29	30	31
A班	日	日	日	日	日	日	日	日	日	日	日	日	日	日	休	休	1	連	2	3	3	明	休	休	1	連	2	3	3	明	休
B班	1	連	2	3	3	明	休	休	1	連	2	3	3	明	休	休	日	日	日	日	日	日	日	日	日	日	日	日	日	日	日
C班	2	3	3	明	休	休	1	連	2	3	3	明	休	休	1	連	2	3	3	明	休	休	1	連	2	3	3	明	休	休	1
D班	3	明	休	休	1	連	2	3	3	明	休	休	1	連	2	3	3	明	休	休	1	連	2	3	3	明	休	休	1	連	2
E班	休	休	1	連	2	3	3	明	休	休	1	連	2	3	3	明	休	休	1	連	2	3	3	明	休	休	1	連	2	3	3

【典拠】

・酒井一博．交代勤務編成の現状と改善．労働科学　2000 ; 76(10): 417 – 440.

 **郵便労働の夜勤体制はどう変遷しましたか？**

解説

　郵便労働では，夜間に郵便物の到着と発送（差立てという）があるため，夜勤が存在します。1993年以前は，16勤という16時間夜勤の圧縮勤務でしたが，1993年には，新夜勤（ニュー夜勤）という週休－日－日－日－新夜勤－非番日－週休……という循環のシフトに変更されました（表8の下表）。新夜勤（ニュー夜勤）とは，約2時間の仮眠時間を含む17時20分～9時30分の拘束時間の夜勤のことです。非番日とは4週6休のうち4日が週休で，残りの2日が非番という休みということです。4週8休の場合は，最初の4日が週休で，残りの4日が非番日になります。2004年以降には，深夜勤－深夜勤－深夜勤－深夜勤－非番日－週休……という仮眠時間のない10時間拘束の4連続夜勤がある深夜勤（ふか夜勤）に変更になりました（表8の上表）。新夜勤から深夜勤への変更は，拘束時間が短縮しましたが，仮眠時間がなく4連続夜勤をせざるをえないため，労働負担が強いことが実験で報告されています。

表8　郵便の夜勤体制，新夜勤（下表）と深夜勤（上表）

	1日	2日	3日	4日	5日	6日	7日
1週目	深夜勤	深夜勤	深夜勤	深夜勤		非番日	週休
2週目	夜勤	日勤	非番日	中勤	夜勤	週休	日勤
3週目	深夜勤	深夜勤	深夜勤	深夜勤		非番日	週休
4週目	夜勤	夜勤	非番日	日勤	夜勤	週休	中勤

	1日	2日	3日	4日	5日	6日	7日
1週目	週休	日勤	日勤	日勤	新夜勤		非番日
2週目	週休	中勤	新夜勤		非番日	日勤	中勤
3週目	新夜勤		週休	日勤	非番日	新夜勤	
4週目	週休	日勤	夜勤	新夜勤		非番日	日勤

【典拠】

・久保智英，城 憲秀，武山英麿，榎原 毅，井上辰樹，高西敏正，荒薦優子，村崎元五，井谷 徹.「自覚症しらべ」による連続夜勤時の疲労感の表出パターンの検討. 産業衛生学雑誌　2008；50：133－44.

Q23 消防職員は 24 時間交代が一般的ですが，どのような勤務形態になっていますか？

解説

　日本では消防職員のほとんどが 24 時間交代で勤務を行っています。たとえば，ある消防署では消防職員が 2 班に分かれて，勤務する当番日と勤務が明ける非番日を 1 日おきに繰り返し，その 2 週間内に 4 日間の休日が個々の職員に割り振られています。24 時間のうち，昼間の 8：45 〜 22：00 の間は，出動に加えてデスクワークや車両・装備品の整備，訓練などを行い，夜間の 22：00 〜 8：45 は 2 時間交代で当直勤務に就いています（図 11）。夜間の出動と当直勤務時間外は個室で仮眠をとることができます。消防職員の消火活動や人命救助は，社会的責任に加えて精神的にも身体的にも労働負担の大きい仕事です。夜間は仮眠をとることができますが，出動があれば仮眠がまったくとれないこともあります。消防職員の仮眠は，いつ出動要請があって起こされるかわからない，注意睡眠とよばれる質の悪い睡眠にならざるをえません。睡眠の質を改善するためには，個室や清潔な寝具，空調，調光設備の提供はもとより，鉄道会社でも使われている起床装置の導入も有効です。時間になれば確実に起こしてくれるとわかるだけでも睡眠にとって大きな違いです。また，24 時間という長時間拘束による労働負担を軽減するために，昼勤と夜勤を分ける 12 時間 2 交代勤務を導入している消防職場もあります。

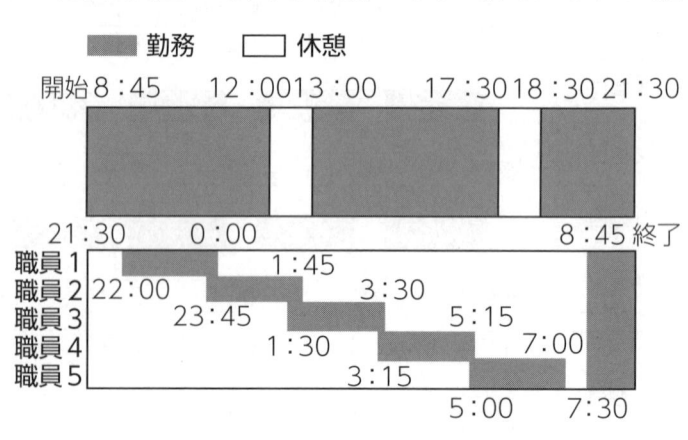

図 11　消防職員の 24 時間勤務の例

【典拠】

・Takeyama H, Itani T, Tachi N, Sakamura O, Murata K, Inoue T, Takanishi T, Suzumura H, Niwa S. Effects of shift schedules on fatigue and physiological functions among firefighters during night duty. Ergonomics　2005；48(1)：1−11.

Q24 いわゆるオフショア（海上）で行われる夜勤・交代勤務があります。それは社会も昼夜逆転しているため，生体リズムの適応が容易であるといわれています。それに従事している人はどんな職業ですか？

解説

　これまでは，人間は夜勤には完全に適応しないと言われてきました。しかし，ある条件に置かれると人間の生体リズムは完全に逆転し，夜勤に適応することがわかってきました。それは，睡眠，食事，光環境だけでなく，夜勤・交代勤務者が生活する社会も逆転していることです。日勤者が大半を占める社会（昼業夜眠の生活）で夜勤・交代勤務者が夜業昼眠の生活を行っても，知らないうちに日勤者のリズムに引き寄せられてしまうので，自分の夜勤のリズムを維持することができません。このような強固な生体リズムに影響を及ぼす因子は，ツァイツゲーバー（Zeitgeber），日本語で社会的同調因子と呼びます。オフショア（海上）労働では，それが可能です。なぜなら社会も逆転しているからです。オフショア労働で有名なのは石油掘削労働です。図 12 では，7 連続夜勤を行っている石油掘削労働者は 4 日目で「眠気と闘っているとした比率」が極端に下がっており，夜勤に適応している様子が示されています。それは，8 日以降に日勤に戻った場合も，通常は，日勤のリズムに素早く戻るのですが，夜勤のリズムが継続しており，眠気と闘っている様子からもうかがえます。

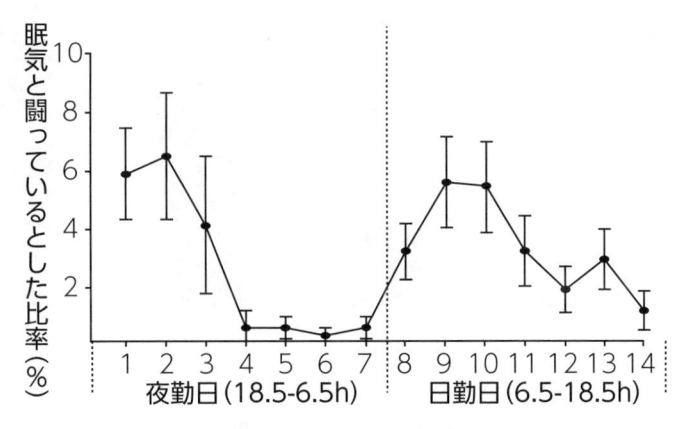

図 12　7 連続夜勤を行う北海油田掘削労働者の眠気
（Bjorvatn ら，2006 を改編）

【典拠】

・Bjorvatn B, Stangenes K, Oyane N, Forberg K, Lowden A, Holsten F, Åkerstedt T. Subjective and objective measures of adaptation and readaptation to night work on an oil rig in the North Sea. Sleep　2006 ; 29(6): 821 – 9.

夜間の自動車運転労働では，長時間運転と夜間運転のどちらが安全上，問題ですか？

解説

　自動車運転労働者が夜間に運転した場合の安全性については，ハンドル時間の長さと夜間運転のどちらが問題かということが話題になります。これは前者が疲労の点から，後者は眠気の点からの問いだと思われます。図13はそれに答えたものです。21時から22時の1時間の運転について自動車シミュレータを用いて，夜間運転で3時から5時までの短時間の2時間の運転，夜間運転で1時から5時までの4時間の運転，21時から5時までの8時間の長時間運転で夜間運転も含んでいる条件を比較しました。その時の指標として最後の運転1時間に車が車線を越える回数（逸脱回数）をとりました。その結果，夜間を含む長時間運転が最も逸脱回数が増加していました。このことは，生体リズム上眠たい時刻帯を含む運転では，とにかくハンドル時間が長くなると，安全上の問題は大きくなることを意味しています。

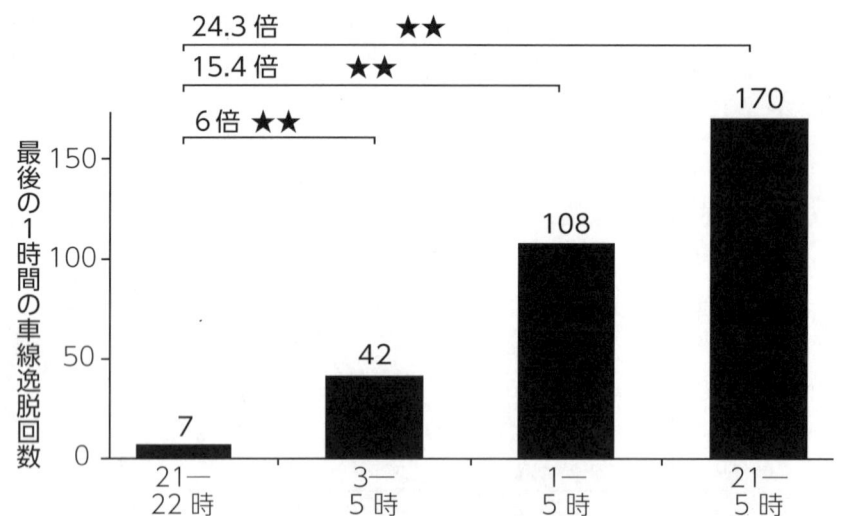

図13　自動車シミュレータを用いた夜間運転とハンドル時間と車線逸脱回数
（Sagaspe ら，2008 を改編）

【典拠】

・Sagaspe P, Taillard J, Akerstedt T, Bayon V, Espié S, Chaumet G, Bioulac B, Philip P. Extended driving impairs nocturnal driving performances. PLoS One　2008 ; 3(10): e3493.

Q26 旅客と同じ線路を使って輸送を行う鉄道貨物は，基本的に夜間の運行が中心になります。鉄道貨物輸送業で行われている W 泊勤務とはどのような勤務ですか？

解説

　日本の貨物鉄道輸送の大部分は日本貨物鉄道株式会社（JR 貨物）が担っています。この JR 貨物の運転士の勤務制度を例にとると，大きな特徴としては「W 泊」という勤務があります。一般的には 2 連続夜勤と呼ばれる形態です。勤務によって開始，終了時刻，目的地は一定ではありませんが，長いものですと 20 時間くらいの拘束時間になります。表 9 に示したように W 泊の多くは 1 日目が夜勤入り日となり，2 日目の朝まで勤務した後に退勤し，同日の夕方に次の夜勤が始まります（たとえば，1〜3 日目，4〜6 日目，17〜19 日目ほか）。3 日目に夜勤が終了して，W 泊勤務が終了します。その後，翌日または休日を挟んで再び W 泊が始まります。勤務中の休憩時間は，乗り継ぎや折り返し地点に到着した後に次の出発までの間で確保されます。しかし，勤務によっては休憩時間と時刻，回数は異なっており，自然災害や異常時に途中で停車したり到着が遅れて休憩時間が減ることや，結果として拘束時間が長くなることはめずらしくありません。勤務表上は仮眠がとれる長さの休憩時間や設備があっても，必ずとれるとは限らないのです。運転士は制限速度や到着時間を守るために，乗務する行路における線路の曲線，勾配，信号，駅構内図，ブレーキポイントなどを覚えることのみならず，天候や突発的な事象に対応するために持続的な注意が常に求められており，休憩や仮眠の確保はきわめて重要です。

表9　東海道線内のある乗務員の 1 ヵ月勤務

日	1	2	3	4	5	6	7	8	9	10	11	12	13	14	15	16
始業番号	14	20	—	22	32	—	休	休	8	—	5	休	13	—	4	休
出勤時刻	14：41	17：01		17：25	23：07			09：38		04：16			14：35		00：09	
退勤時刻	02：29	12：05		05：54	10：42			04：15		13：27			05：08		17：31	

日	17	18	19	20	21	22	23	24	25	26	27	28	29	30	31
始業番号	19	23	—	休	14	20	—	22	32	—	休	休	8	—	5
出勤時刻	16：35	18：05			14：41	17：01		17：25	23：07				09：38		04：16
退勤時刻	04：58	11：01			02：29	12：05		05：54	10：42				04：15		13：27

【典拠】

・久松二士夫．JR 貨物の連続夜勤と改善要求．労働と医学　2009；102：38−41

Q27 トラックでは夜間を含む長時間，長距離の勤務を行っている運転者がいますが，それはどのような働き方をしていますか？

解説

　トラック運転者の勤務には拘束時間が非常に長いものがあります。なぜなら，事業所を出発してから戻ってくるまでの一運行が，法律上は144時間（6日間）まで認められているからです。つまり3日で行ける場所までは，一人で往復できるのです。営業区域の規制も撤廃されたことから，本州の端から端まで走行範囲になりえます。そこまで長い拘束時間ではなくとも，トラックでは2日運行や3日運行と呼ばれる勤務があります。2日運行とは暦日における2日間のことを指し，運行の途中に連続8時間以上の休息時間を与えない運行を意味しています。つまり，夜間を含む1運行ということです。3日運行とは暦日における3日間のことで，到着地などにおいて連続8時間以上の休息をとる運行を指します。したがって，夜間を含む2運行ということになります。夜間に運転するのは，主に渋滞の回避，荷主による荷積み・荷卸しの指定日時の都合にあわせるためです。無論，出発してから帰着するまでの間はずっと走っているわけではなく，1日の拘束時間（原則13時間，最大16時間），運転時間（2日平均で9時間），休息期間（継続8時間以上）は決められています。しかし，多くの休息スペースは運転席の後ろの狭い空間であり，また大きな車両を長時間駐車していられる場所は限られるため，8時間の休息期間といえども自宅と比べれば量も質も十分な睡眠とはならないことは明らかです。インターネットショッピングをしていると，日本のどこから（離島でなければ）注文しても翌日，遅くとも翌々日には自宅に配送されます。誰がどのようにして運んでいるのでしょうか。陸運のほとんどをトラックが担っていますので，多くは一人のトラック運転者が昼夜を問わずに走り，あなたの家の近くまで荷物を運んでくるということです。最近ではこれを規制しようとする企業も出てきました。

【典拠】
・改正貨物自動車運送事業法について
　http://www.mlit.go.jp/jidosha/whatsnew/low_track.htm
・トラック運転者の労働時間等の改善基準のポイント
　http://www.mhlw.go.jp/new-info/kobetu/roudou/gyousei/kantoku/040330-10.html

わが国では，路線バス運転者が連続運転する場合には何時間以内でなければいけませんか？

解説

　2007年に厚生労働省労働基準局が策定した「自動車運転者の労働時間等の改善のための基準」（改善基準告示）によって，トラック，バス，タクシーごとに，拘束時間，労働時間，休憩時間，休息時間が異なります。路線バス運転者の一連続運転時間は，第5条1項で4時間を超えない（4時間以内）と定めています。また4時間経過直後に30分の休憩を挿入すること，ただし図14に示したように，最低10分を3回にわけてとることもできます。また労働時間は，2日平均し，1日あたり9時間を超えないこと。4週間を平均し，1週間あたり40時間を超えないこと。拘束時間は，原則13時間，最大16時間まで。4週間を平均し，1週間あたり65時間を超えないこと。15時間を超える場合は，1週間に2回以内と定めています。なお高速バス，観光などの貸切バスの一連続運転時間は2時間以内です。

図14　路線バス運転者の一連続運転時間と休憩時間

【典拠】
・バス運転者の労働時間等の改善基準のポイント
　http://www.mhlw.go.jp/new-info/kobetu/roudou/gyousei/kantoku/040330-11.html

Q29 そもそもシフトワーク（交代勤務）とはどのような働き方を指すのですか？

解説

シフトワークとは労働時間をいくつかに分けて，それを複数の人やチームで分担して交代しながら勤務することを指します。そのため日本語では交代勤務となります。1日24時間のうち，労働時間帯が2つであれば2交代となり，3つであれば3交代となります。分けられた労働時間帯は，勤，直，番と呼ばれます。それぞれ夜間勤務を表すには，夜勤，3直，遅番などの使われ方をします。具体的には，労働時間を8時間ずつ3つに分けた場合，たとえば8時〜16時を日勤，16〜24時を夕勤，24時〜8時を夜勤と呼びます。また，分けられた労働時間帯をいくつのチームで分担するのかを示したものが組です。3組3交代といった使われ方をしますが，これは図15で示したように3つの労働時間を3つのチームで分担することを意味しています。この例の他にも，業種や職種，企業・団体によって，各労働時間帯の呼び方，交代の順番，組数，1つの労働時間帯に連続して勤務する日数，休日のタイミングや日数などはさまざまに異なっています。交代勤務には，夜勤を含まないものや，労働時間帯が連続しないもの，週末は休日になるものもあります。

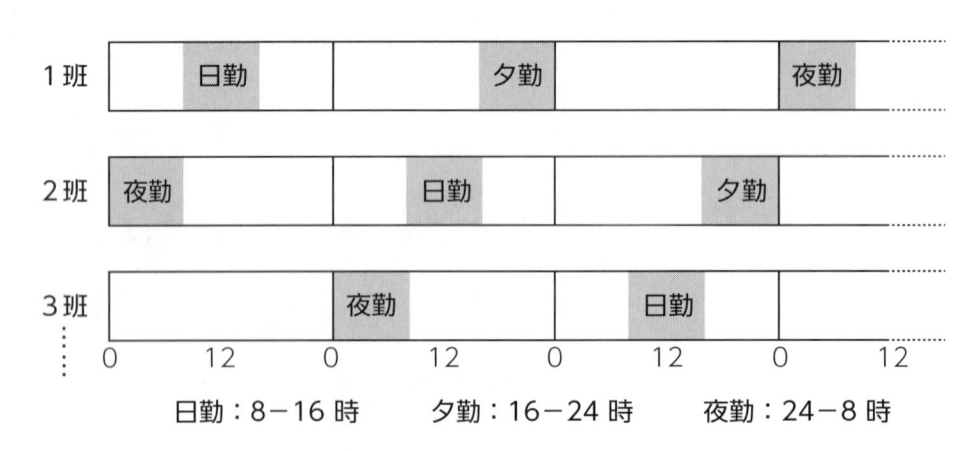

図15　3組3交代のイメージ

Q30 勤務医は通常，宿直（当直）制であり，夜勤・交代勤務制ではありません。しかし，あまりにも労働負担が強いために夜勤・交代勤務制をとる診療科も出てきました。その代表的な診療科は何ですか？

解説

　24時間体制の医療現場では，入院患者の容態の急変や診療時間外に外来する患者のために，夜間にも働けるように組織されています。しかし医師については，通常，看護師のようなルーチンワークがあるわけではないという理由で，夜勤・交代勤務を行っている病院はほとんどありません。その代わり，医師が行っているのは，宿直（当直）という制度です。宿直制とは，労働基準法に定められている宿日直業務の一形態のことで，その第41条には「常態として，ほとんど労働をする必要のない勤務のみを認めるものであり定時的巡視や非常事態に備えての待機等を目的とするもの」と記されています。しかし近年では，患者の高齢化や救急外来に搬送される患者数の増大によって，医療の現場でも宿日直に対応できない状況となってきています。そこで2002年に厚生労働省は，「医療機関における休日及び夜間勤務の適正化について」という通達を出しています。また一般に，当直前後の勤務は日勤－当直－日勤となり，当直の後には日勤が行われますが，この当直後の日勤の扱いについて「基本診療料の施設基準等及びその届出に関する手続きの取扱いについて」という通知を出し，「特に，当直翌日の勤務については，医療安全上の観点から，休日とする，業務内容の調整を行う等の配慮を行うこと」と記している現状があります。業務の中でも，産科医が扱う分娩は，医療技術の深化をともなっても医師にとってなかなかコントロールできません。最近では，2013年2月12日に奈良県立医科大学の産婦人科医の時間外労働訴訟において，産婦人科医の宿直は，実態として宿直ではないという最高裁判決も出ています。この判決は，分娩は，夜間から早朝に生じるため，夜間には勤務がないという意味の宿直制では対応ができないことを認めたものでした。

【典拠】

- 医療機関における休日及び夜間勤務の適正化について
  http://www.mhlw.go.jp/shingi/2008/03/dl/s0303-10a_0009.pdf
- 基本診療料の施設基準等及びその届出に関する手続きの取扱いについて
  http://kaitei.wic-net.com/?id=9745&action_view_file=true
- 奈良県立医科大学の産婦人科医の時間外労働訴訟の最高裁判決
  http://www.courts.go.jp/hanrei/pdf/20090610094728.pdf

Q31 米国の研修医の労働時間は，夜勤の問題で短縮されたそうですが，どういう経緯なのですか？

【解説】

　研修医は，全世界的に見て長時間労働であることが有名です。とくに患者の容態の急変や死亡など予測困難な事態に遭遇するのは夜間時間帯のため，夜勤時の労働時間が長いのです。表 10 は研修医の一連続労働時間が 24 時間未満とそれ以上の通勤途上の自動車事故の回数を比較したものです。表は 24 時間以上の勤務の回数が 24 時間未満の約 3 分の 1 にもかかわらず，衝突事故回数もニアミス回数も労働時間が長ければ多いことを示しています。1984 年には，リビー・ザイオンさん（Libby Zion）が研修医のミスで亡くなる事件も起きました。これを受けた米国卒後医学教育認定評議会（Accreditation Council for Graduate Medical Education ; ACGME）は，2003 年に一連続作業時間の上限を 30 時間，勤務間隔時間を 10 時間，4 週間平均での週労働時間を 80 時間としました。しかしこれに対して睡眠科学者を中心とする米国医学研究所（Institute of Medicine ; IOM）は 2008 年に一連続作業時間は，22 時〜 8 時の間に 5 時間の睡眠が確保されない場合は 16 時間，16 時間以上の夜勤を行った者は患者対応や車の運転をすべきでないことを，また日勤後 10 時間，夜勤後 12 時間，午前 6 時までに業務が終わらない場合は勤務間隔時間を 14 時間にすべきと上申しました。

表 10　研修医の労働時間別自動車事故（Barger ら，2005 を改編）

	24 時間以上の勤務	24 時間未満の勤務
衝突事故回数	58	73
通勤回数	54,121	180,289
オッズ比	2.3	1
ニアミス回数	1,971	1,156
通勤回数	54,121	180,289
オッズ比	5.9	1

【典拠】

・Barger LK, Cade BE, Ayas NT, Cronin JW, Rosner B, Speizer FE, Czeisler CA ; Harvard Work Hours, Health, and Safety Group. Extended work shifts and the risk of motor vehicle crashes among interns. N Engl J Med　2005 ; 352(2): 125 − 34.

・IOM. Resident Duty Hours : Enhancing Sleep, Supervision, and Safety 2008（http://www.iom.edu/~/media/Files/Report%20Files/2008/Resident-Duty-Hours/residency%20hours%20revised%20for%20web.pdf，2015 年 5 月 13 日参照）

羽田空港など 24 時間化された空港ではどのような勤務制が敷かれていますか？

解説

2010 年に 4 本目の滑走路が新たに供用された羽田空港は，もともと離発着数が国内最大の規模です。国際線の深夜の離発着や増便などにより，航空管制の職場はさらに忙しくなっています。管制塔から指示を出している航空管制官の勤務は，早番（8：00 ～ 16：15），遅番（13：00 ～ 21：15），夜勤（15：45 ～ 8：45）となっており，図 16 のように勤務パターンは早番－遅番－夜勤－休日－休日が基本です。正循環で変則の 3 交代勤務といえる勤務形態になっています。もう一つの特徴は夜勤が拘束 17 時間という長時間である点です。深夜の業務が増えていること，夜勤の前半には夜のラッシュ時刻帯があり，後半は朝のラッシュ時刻帯にかかるため，労働負担を分散・軽減するには勤務制や仮眠についての見直しが求められます。航空管制職場には航空管制官の他に，管制の無線施設や通信施設の運用・管理・整備を行う航空管制技術官，航空機の運航に必要な情報収集と提供や空港の運用と安全管理に関する業務を行う航空管制運航情報官がいます。どちらも夜間の航空機が離着陸しない時刻帯で行わなければならない業務がありますが，離着陸のない滑走路閉鎖時間が短くなって短時間での作業が求められるようになりました。図 17 のようなサイクルで日勤と夜勤の 12 時間 2 交代勤務が行われており，やはり夜勤は長時間です。

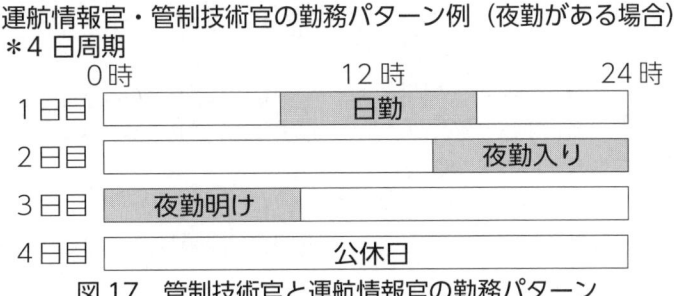

管制官の勤務パターン例（夜勤がある場合）
＊6 日周期

	0時	12時	24時
1日目		早番	
2日目		早番	
3日目			遅番
4日目			夜勤入り
5日目	夜勤明け		
6日目		公休日	

図 16　管制官の勤務パターン
（4日目と5日目は連続勤務）

運航情報官・管制技術官の勤務パターン例（夜勤がある場合）
＊4 日周期

	0時	12時	24時
1日目		日勤	
2日目			夜勤入り
3日目	夜勤明け		
4日目		公休日	

図 17　管制技術官と運航情報官の勤務パターン
（2日目と3日目は連続勤務）

【典拠】
・国土交通省　航空保安大学校 HP より．
　http://www.cab.mlit.go.jp/asc/qa/qa1.htm

Q33 見張り番勤務ではどのようなシフト編成が行われていますか？

【解説】

　船員の夜勤・交代勤務は，見張り番勤務（watch keeping；通称"ワッチ"）といわれます。諸外国では，例えばスウェーデンにおいては1980年代まで，4時間勤務して8時間休息（4-on，8-off）という編成が主でした。この編成では，十分な睡眠がとれないことや生体リズムへの適応がされないことが問題になっていました。同じ北欧のフィンランドでは，4時間勤務して8時間休息の編成や6時間勤務して6時間休息をとる編成（6-on，6-off）もあります。そこでどちらの編成が安全性の要因である眠気が強く生じるかを示したのが図18です。図を見るとわかるように，やはり労働時間が長い編成の眠気が高い傾向を示しています。とりわけ，どちらの条件においても勤務開始の1時間（横軸の1のバー）の眠気が強いことがわかります。また4時間勤務×8時間休息条件では残業をすると（横軸の5のバー）眠気が高くなりますが，6時間勤務×6時間休憩条件では，残業をしなくても勤務終了の1時間の眠気が高いことがわかります（横軸の6のバー）。残業をするとなおさらです（横軸の7のバー）。一方，わが国の船舶の編成はどうでしょうか？　わが国では，1日24時間を3交代で4時間ずつ，20時〜0時（パーゼロ），0時〜4時（ゼロヨン），4時〜8時（ヨンパー），8時〜12時（パーゼロ），12時から16時（ゼロヨン），16時から20時（ヨンパー）に区分して勤務しています。4時間ずつの勤務という点では諸外国に比べて労働時間が短い分，利点があることが想像できます。諸外国では，船員数の減少によって十分な編成が組めない問題があるようです。

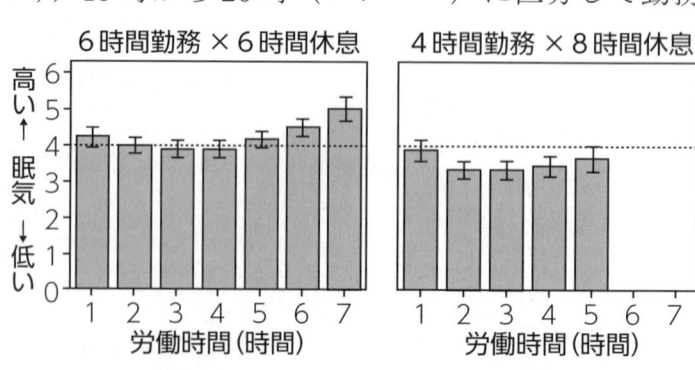

図18　見張り勤務の2つの編成における眠気の高さ
（Lützhöft，2010を改編）

【典拠】
・Lützhöft M, Dahlgren A, Kircher A, Thorslund B, Gillberg M. Fatigue at sea in Swedish shipping-a field study. Am J Ind Med. 2010 ; 53(7): 733 – 40.
・10. 小石泰道. 船員の交替制. 斉藤一監修　交替制勤務　労働科学研究所, 1979 : 125 – 132.

Q34 人間が眠くなるリズムはいくつありますか？

解説

　睡眠は生体リズムの影響を受けます。睡眠に関する生体リズムの意味は，眠くなる時刻帯と眠くならない時刻帯が定期的に生じているということです。それを示したのが図19です。人間には大きく3つの眠気のリズムがあります。1つ目は，サーカディアンリズム（概日リズム＝約24時間リズム），2つ目はサーカセミディアンリズム（概半日リズム＝約12時間リズム），3つ目はウルトラディアンリズム（超日リズム＝約1時間30分リズム）です。正確には，2つ目の概半日リズムは超日リズム（24時間より短いリズム）の1つですが，その中でも特別なリズムのため，名前がついています。これらのリズムが生体に備わっている理由は，たとえば24時間リズムを利用して眠ることができない場合は，12時間リズムで，12時間リズムにおいても眠ることができない場合は，1時間30分のリズムで眠ることができるようにして，生体を守っているからです。12時間リズムは，ちょうど14時から16時の間に生じる眠気のリズムですが，いままでは昼に食事をとったことが原因といわれてきました。しかし現在では，リズムの影響といわれています。また女性は，月経周期がありますから，プロゲステロンが多く分泌される月経前は体温が高くなり，眠気が生じやすくなります。これは月経前症候群（Premenstrual Syndrome；PMS）と呼ばれます。

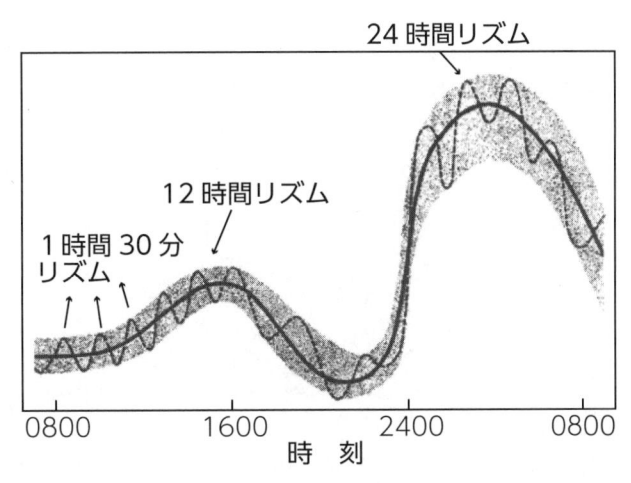

図19　眠気が生じる3つの時刻帯（Lavie, 1985 を改編）

【典拠】

・Lavie P. Ultradian rhythms : Gates of sleep and wakefulness. In : Schulz H, Lavie P. eds. Ultradian rhythmsin physiology and behavior. Springer-Verlag, Berlin, 1985 : 148 – 164.

Q35

夜勤に適応しやすい人を「夜型」，適応しにくい人を「朝型」ということがあります。夜型と朝型では，眠くなる体温の最も低い時刻（底点）に特徴があります。それはどんな特徴ですか？

解説

　人間には，昼働いて，夜眠るといったおよそ1日の生体リズムがあります。それをサーカディアンリズム（Circadian Rhythm；概日リズム）といいます。このリズムを最もよく示す指標として体温があります。図20に記したように，夜勤に適応しやすい夜型の人は，体温の底点（最も低い点が生じる時刻）が，夜勤に適応しにくい朝型の人より後ろにあり，その低さは夜型の人の方が朝型の人より，より低いのです。そのため夜型の人は，夜勤の時刻帯に眠くなる時刻があまり重ならないことや，体温の高低差があるために，日勤の翌日に夜勤をするようなことが生じて，突然リズムが変化しても，新しいリズムに合わせることが容易なのです。ほら，小さいころ遊んだ大縄とびで，うまく回してたくさんの人を入れるためには，縄を大きく回さなければいけなかったではないですか！夜勤に適応しやすい人は夜型が多いので，欧米で夜勤に従事する人に，「朝型ですか？夜型ですか？」というアンケーをとると夜型の人が多くなります。しかしわが国では，半分半分になることが多いのです。それは，いくら夜型の人が夜勤に適応しやすいといっても，それがかならずしも職業能力を示すわけではないからです。

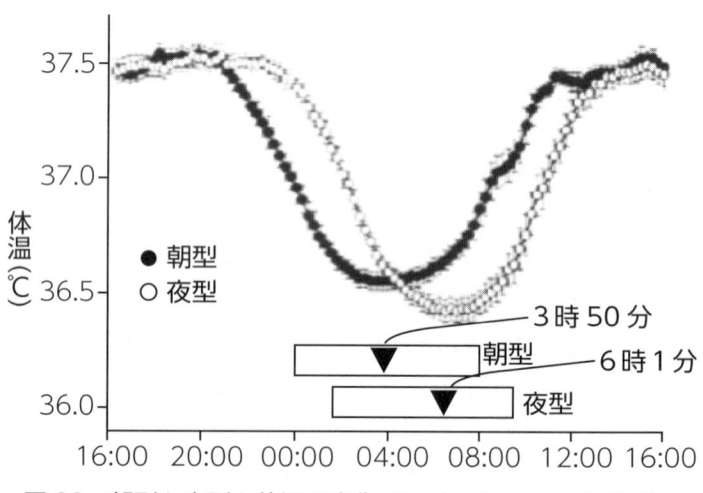

図20　朝型と夜型と体温の変化（Baehr ら，2000 を改編）

【典拠】

・Baehr EK, Revelle W, Eastman CI. Individual differences in the phase and　amplitude of thehuman circadian temperature rhythm：with an emphasis on morningness-eveningness. J Sleep Res.　2000；9（2）：117－27.

Q 36 夜勤・交代勤務者の概日リズムを整えるために
最も効果があるのは，どんな行為ですか？

　夜勤・交代勤務者は，夜勤時には，日勤者が眠る夜に働き，日勤者が働く昼に眠ることになり，またさまざまな時刻帯で働き，眠ることになります。したがって日勤者よりも概日リズムが乱れやすいのです。そのような夜勤者の生体リズムを整えるには，適切な光環境，食事，メラトニンの服用も有効です。しかし最も効果があるのは，体温を最も低下させる効果がある夜間睡眠です。なぜなら，1日の概日リズムを整えるには，体温が昼間に高くなり，夜間に低くなるというメリハリが大切だからです。図21を見ますと，8時間睡眠（実線）でも4時間睡眠（破線）でも体の内部の体温を示す深部体温の代表である直腸温が深夜の3〜4時ごろに著しく低下している様子が見てとれます。

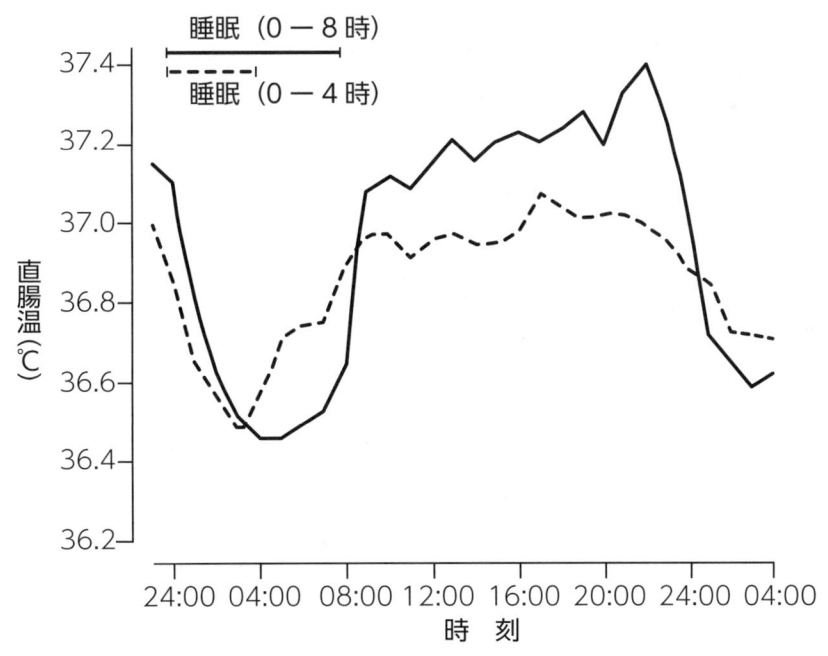

図 21　夜間睡眠と直腸温の低下と日内リズム
（Minors and Waterhouse, 1981 を改編）

【典拠】
・Minors DS and Waterhouse JM. Circadian rhythms and the human. Bristol : John Wright, 1981. p26.

Q37 夜型の方が朝型よりも夜勤に強いことがわかっているのに，どうして夜型の人ばかりを選んで夜勤に従事させないのですか？

解説

　たしかに夜型の人の方が夜勤に適応しやすいといわれるわけですから，夜型の人だけを夜勤に就かせた方が夜勤中に眠気が生じにくいはずです。それは安全上でも利点がありますし，夜型の人は，昼間に眠るのが容易でしょうから，健康上でも利点があると考えがちです。しかし，図22を見てください。実は，横軸に年齢，縦軸に夜型傾向と朝型傾向を記すと，男性の夜型傾向のピークは平均21.0歳，女性の夜型傾向のピークは平均19.5歳なので，若年者しか夜勤ができないことになってしまうのです。つまり夜型の人も年齢を経るにつれ，だんだん朝型になってしまうということです。このことは，労働という社会的活動から見ても，若年者は職業能力が低く，熟年者は職業能力が高いわけですから，夜勤職場が若年労働者で占められてしまうことは不自然ですし，とりわけ安全性の上からは問題が生じることになります。

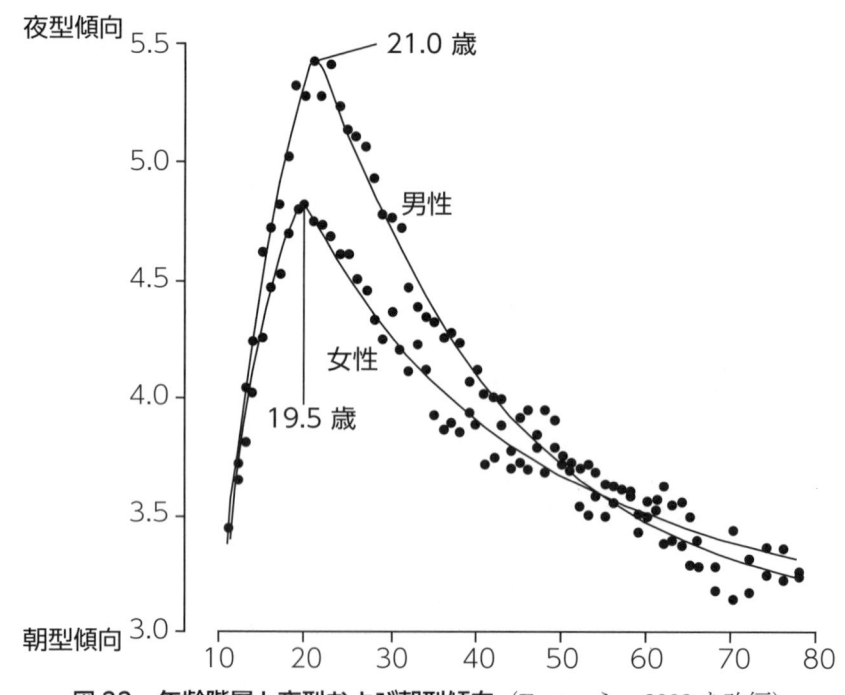

図22　年齢階層と夜型および朝型傾向（Foster ら，2008 を改編）

【典拠】
・Foster RG, Roenneberg T. Human responses to the geophysical daily, annual and lunar cycles. Curr Biol　2008 ; 18(17): R784 – 94.

夕勤の時の残業で疲れすぎて眠れないことがあります。そのようなときに寝つきを早める方法は何がありますか？

解説

　夕勤（準夜勤）後でも疲れた時は，仕事での興奮が残っていて眠れないことがあります。眠るために重要なことは，リラックスすることです。しかしもっと大切なのは，体の中心の体温を下げ，体の末梢の温度を上げることです。図23は，中心部と末梢部の体温と寝つきの関係を示したものです。図の縦軸は末梢部と中心部の体温差を示しています。ちょうど22時過ぎからは，末梢体温は縦軸の0値より高くなっています。これは中心部よりも末梢部の体温が高いことを意味しています。その時の寝つきの早さを示したのが右の棒グラフです。図を見ますと，左側の末梢の体温が高いと寝つきが早くなっていることがわかると思います。たとえば，夏場なら首の下を氷枕で冷やして眠る（中心部の体温を下げる）とか，冬場なら寝る直前まで厚手の靴下をはいて寝る直前に脱ぐ（末梢部の体温を上げる）などの方法が，寝つきには有効です。また，あまり飲みすぎないのなら，アルコールもよいでしょう。適度のアルコールは，リラックスと寝つきを早くし，おまけに深い睡眠も増加させる効果があるからです。

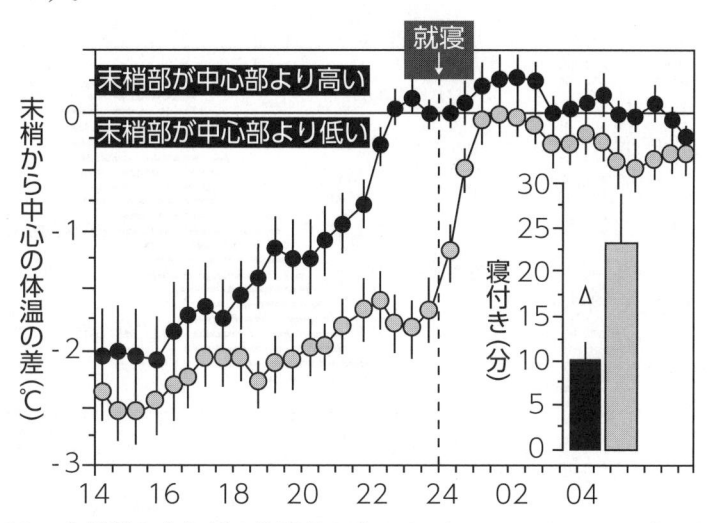

図 23　末梢部と中心部の体温差と寝つき（Kräuchi ら，1999 を改編）

【典拠】

・Kräuchi K, Cajochen C, Werth E, Wirz-Justice A. Warm feet promote the rapid onset of sleep. Nature　1999 ; 401(6748): 36 – 7.
・Ebrahim IO, Shapiro CM, Williams AJ, Fenwick PB. Alcohol and sleep I : effects on normal sleep. Alcohol Clin Exp Res　2013 ; 37(4): 539 – 49.

Q39 光が概日リズムを変化させるというのは本当ですか？

解説

　概日リズムに影響を及ぼすのは，睡眠，食事，光環境です。とりわけ光環境は，昼と夜のメリハリを形成しますので，生体に大きな影響を与えます。2500ルクス以上の光を高照度光といい，この高照度光が概日リズムの位相のずれに係わっています。図24は，5000ルクスの高照度光を体温の底点の前に照射するか，後に照射するかで，体温位相の底点が前（←）に戻るか（位相前進といいます），先（→）に進むか（位相遅延といいます）を示しています。図中の横線は，高照度光を照射した期間です。体温の底点の後ろに照射した場合は，すべての位相が前進（←）していました。一方，底点の前に照射した場合は，2例を除いて位相が遅延（→）していました。このことは，夜勤中に光を浴びると，体温の底点の前に光の照射があるわけですから，底点位相は遅延（→）することになります。体温が低い場合は，眠りやすいので，夜勤時に光を浴びると，夜勤明けの昼間睡眠にとって好都合です。しかし実際は，通勤時に強度の強い太陽光を浴びることになりますから，通勤は体温位相の後にあるので，今度は体温の底点が戻ってしまい（前進します），帰宅後は体温の上昇期になることから，睡眠に適したリズムを示してくれません。そこで，夜勤明けは，用事がないのなら，職場の仮眠室で仮眠をとった方が睡眠の質がよくなります。また自宅で睡眠をとるには，勤務を終えて移動する際に，サングラスをかけると効果があるといわれます。ただし，車の運転はしてはいけません。

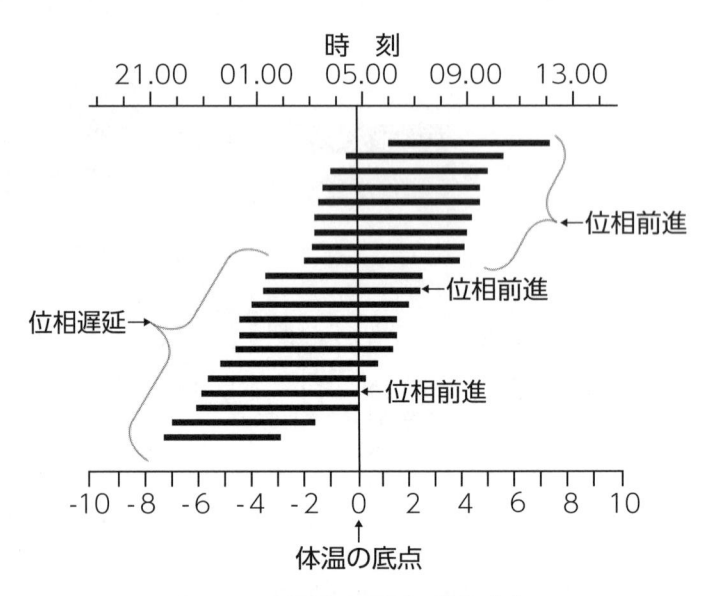

図24　高照度光照射と位相方向
（Eastman と Martin，1999 を改編）

【典拠】
・Eastman CI, Martin SK. How to use light and dark to produce circadian adaptation to night shift work. Ann Med　1999 Apr；31(2)：87－98.

Q40 夜勤中に仮眠をとると，概日リズムが日勤指向型になることが知られていますが，どうしてですか？

解説

　夜勤中の仮眠は，ふだんとっている夜間睡眠と同じ時刻帯で眠るため，疲労回復効果が強いといわれています。また，概日リズムを維持する効果があり，それをアンカー・スリープ効果（anchor sleep effects）といいます。アンカー・スリープとは，日本語では「係留睡眠効果」といい，港に停泊している船が，流されないように「アンカー（錨）」を海に沈めるということに因んだ名前です。図25を見てください。左図は，8時間睡眠を6日まで0時〜8時までとって，その後は任意の時刻帯にとっています。その時の体温の一番高い位相である頂点位相は，0時〜8時に時は18時付近にありましたが，さまざまな時刻帯に睡眠をとると，だんだん後ろにずれていって，リズム障害が観察されています。一方，右の図は，6日までは0時〜8時に睡眠をとりますが，それ以降は，半分の4時間をいつも寝ている時刻帯に，残りの半分をさまざまな時刻帯にとらせます。すると，頂点位相が崩れないのです。この仮眠は，4時間でなくても2時間（120分）でも同様の効果があることがわかっています。

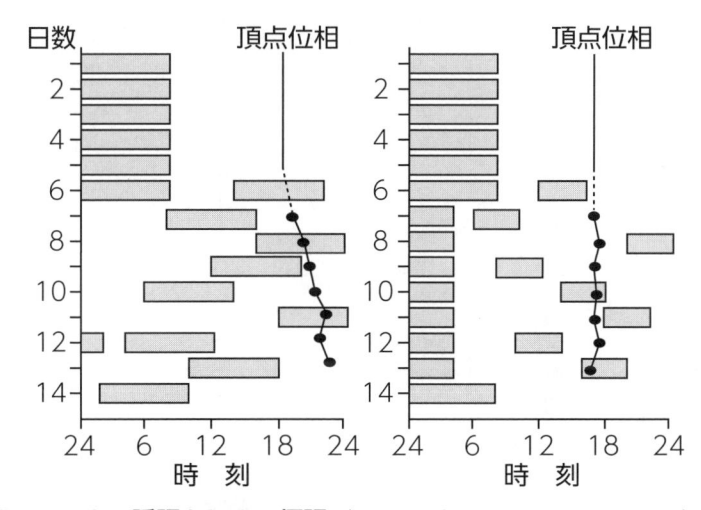

図25　アンカー睡眠としての仮眠（Minors と Waterhouse，1981 を改編）

【典拠】

・Minors DS, Waterhouse JM. Anchor sleep as a synchronizer of rhythms on abnormal routines. Int J Chronobiol　1981；7（3）：165-88.
・吉田有希，佐々木司，三澤哲夫，肝付邦憲．12時間2連続夜勤を想定した夜間覚醒時にとる仮眠の効果——仮眠後の覚醒水準に及ぼす影響．労働科学　1998；74（10）：378-90.

夜勤・交代勤務者は,夜勤中の眠気や疲労対策として勤務前に仮眠をとっています。普段眠る夜間に比べて,この夜勤前にとられる仮眠は夜勤中にとられる仮眠の効果と比べてどのような特徴をもっていますか?

解説

　昼間に働いて夜間に眠る日勤者とは異なり,夜勤・交代勤務者は勤務が行われる時刻や長さに合わせて一日のさまざまなタイミングで睡眠をとっています。夜勤は概日リズム上,体温が低下して眠気が生じやすく,休息に適した時刻に勤務を行わなければならないため,夜勤前後の睡眠は夜勤対策として重要です。とりわけ,夜勤前にとられる睡眠は予防的仮眠(prophylactic nap),夜勤中にとられる睡眠は維持的仮眠(maintenance nap)とも呼ばれ,夜勤中の安全性を維持するための眠気解消や疲労回復の意味を持っています。どちらの仮眠も夜勤による疲労対策として有効ですが,効果的な仮眠とするためにはどうやら必要な長さが異なるようです。図26は3交代勤務に就く看護師の深夜勤における前仮眠(深夜勤の前に自宅でとる仮眠,予防的仮眠)と中仮眠(勤務中にとる仮眠,維持的仮眠)の取得時間と疲労感の関係を示したものです。夜勤後の疲労を抑制するために前仮眠は180分以上が有効であるのに対して,中仮眠は60分以上で同様の効果が得られることが示されました。

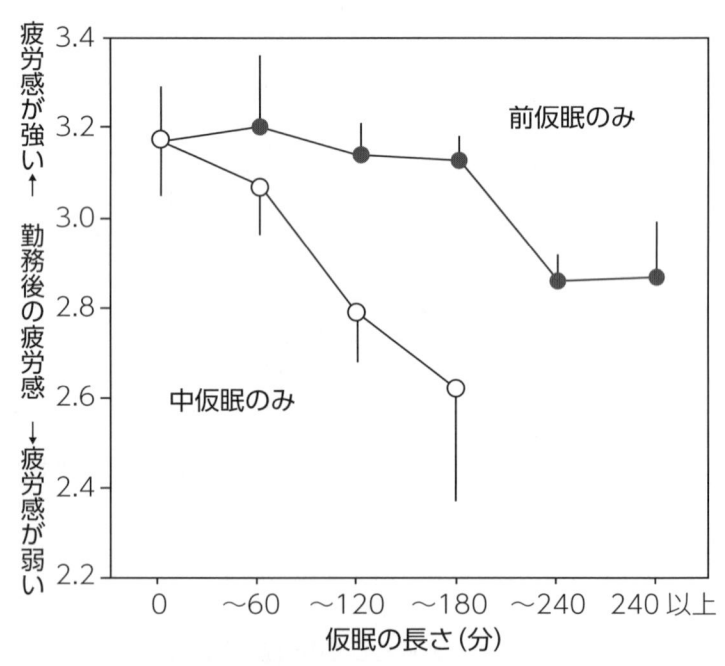

図26　看護師の夜勤における仮眠の長さと疲労感の関係

【典拠】
・斉藤良夫,佐々木司. 病院看護婦が日勤-深夜勤の連続夜勤時にとる仮眠の実態とその効果.
　産業衛生学雑誌　1998 ; 40(3): 67-74

Q42 夜勤中の仮眠時間として，眠気の解消や疲労を回復するために適切な時間は何分ですか？

解説

　このごろ，昼寝が流行っています。おそらく夜の睡眠時間が十分にとれないために，お昼に眠くなるのでしょう。この昼寝，適切な睡眠時間は15分以内というではありませんか。図27は，睡眠経過図（hypnogram；ヒプノグラム）と言って，入眠から起床までの睡眠の経過を示したものです。図に示したように，深い睡眠である睡眠段階3（徐波睡眠）は，入眠15分目以降に出現することから，15分以内に起きると，スッキリと起きられるのが理由です。たしかに眠気解消としての睡眠時間は15分でよいかもしれません。しかし夜勤時の仮眠時間に眠気解消だけでなく，疲労回復の効果を期待する場合は，15分以内では意味がありません。睡眠は疲労回復のための徐波睡眠（深睡眠）とストレス解消のレム睡眠（夢見睡眠）から構成されています。この2つの質の異なる睡眠の機能を期待するならば，120分の仮眠時間が必要です。120分の仮眠時間があれば，覚醒→睡眠段階1→段階2→段階3→段階4→段階3→段階2→レム睡眠までの90分が含まれるからです。以前はすべての労災病院の看護師は，労災方式という変則3交代制度で勤務していました。準夜勤（宵勤，夕勤）は通常の労働時間より120分短く，22時までの6時間，深夜勤は通常の労働時間より120分長いですが，その120分を仮眠時間にする制度で，とても看護師には評判が良かったことが知られています。最近は，看護師の夜勤は16時間夜勤の病棟が多くなっていますが，16時間夜勤の場合は，120分でも効果は小さいという研究成果もあります。なお仮眠とは通常の睡眠時間の50%以下の睡眠を指します。

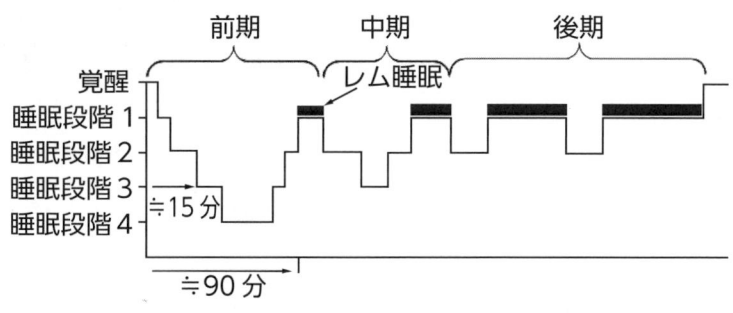

図27　一晩の睡眠の経過のモデル

【典拠】

・松元俊，佐々木司，崎田マユミ，内藤堅志，青柳直子，高橋悦子，酒井一博．看護師が16時間夜勤時にとる仮眠がその後の疲労感と睡眠に及ぼす影響．労働科学　2008；84(1)：25-29.

Q43 仮眠時間が 15 分以下ならよいといわれますが，どのような理由からですか？

解説

　よく日勤者が前日に寝不足状態の場合，昼休みに仮眠をどれくらいの時間とったらよいか悩むことがあります。その時，睡眠の専門家は 15 分以内だとよいことを告げます。この 15 分とはどのような時間でしょうか。それは入眠から 15 分以上経過してしまいますと，図 28 に示したように，睡眠の中で最も深い睡眠の徐波睡眠が出現してしまうからです。徐波睡眠から目覚めた時は，起床時に「ぼぉっーと」した感じである睡眠慣性が生じて，起床後の作業能率を落としてしまうのです。では，夜勤中の仮眠ではどうでしょうか？　夜勤中の仮眠においても 15 分以内であれば，眠気は解消できます。しかし疲労は回復できません。疲労の回復の多くを担っているのが，まさに深度の深い徐波睡眠だからです。したがって，夜勤中の仮眠では，睡眠第 1 周期，すなわちレム睡眠が出終わるまでの 120 分の仮眠をとることが望ましいのです。レム睡眠では心拍数や血圧が上昇して，起こす準備をしていますから，睡眠慣性も生じにくいからです。ちなみに睡眠慣性が生じても，冷たい水で顔を洗えば消えてしまいます。

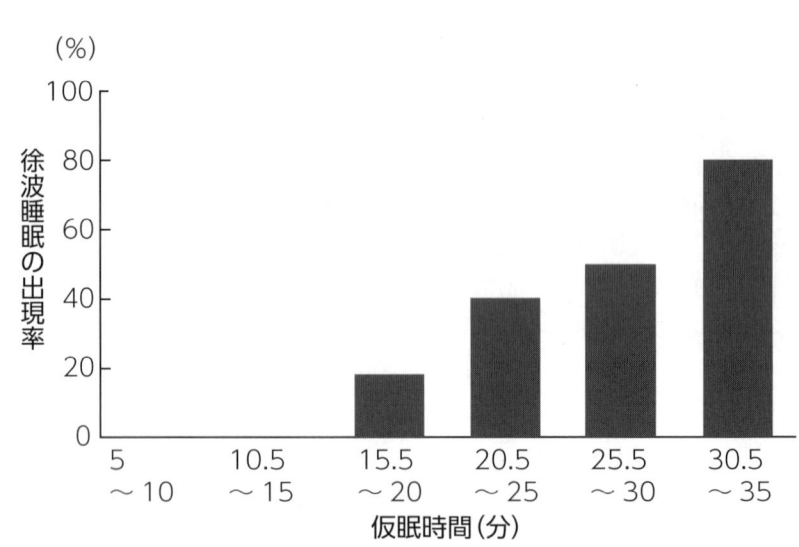

図 28　**仮眠時間と徐波睡眠の出現率**（Fushimi ら，2008 を改編）

【典拠】

・Fushimi A, Hayashi M. Pattern of slow-wave sleep in afternoon naps. Sleep and biological rhythms　2008 ; 6(3) : 187 − 9.

Q44 夜勤後の昼間睡眠は，いつとるのがよいですか？

解説

　日勤者は，昼間に働いて，夜間に眠ります。夜間は体温が低下するなど，睡眠に適しています。一方，夜勤者は，夜間に働いて昼間に眠ることになりますので，この法則になじみません。しかし人間には，昼間に眠くなる時刻帯もあるのです。図 29 を見てください。これは睡眠潜時反復測定法（Multiple Sleep Latency Test ; MSLT）といって，脳波用の電極をつけ，睡眠時間をさまざまに変えて，翌日に 2 時間ごとに被験者に眠るように教示したときに，睡眠様脳波であるシータ波が出現するまでの時間を測定したものです。この眠るまでの時間を睡眠潜時と言い，シータ波とはその時に出現する 4 〜 7 ヘルツの波のことです。つまり，シータ波が早く出現すれば，それだけ眠気が強いということです。図を見るとわかるように，まったく前日に眠らせない断眠の時は，前日に眠っていないですから，どの時刻帯でも眠い（寝つきが早い）ことがわかります。しかし，前日に 9 時間眠った場合でも，15 時 30 分の測定時点は，寝つきが早いことがわかります。このことから，昼間の 14 時〜 16 時は寝つきが早い時刻帯になります。ただし，夜勤明けには，起きている時間が長いことから，この時刻帯まで起き続けているのではなく，なるべく早く眠ることが疲労の回復には有効です。ですから，夜勤明けの昼間睡眠は，職場の仮眠室で寝て帰るのがよいといえるのです。

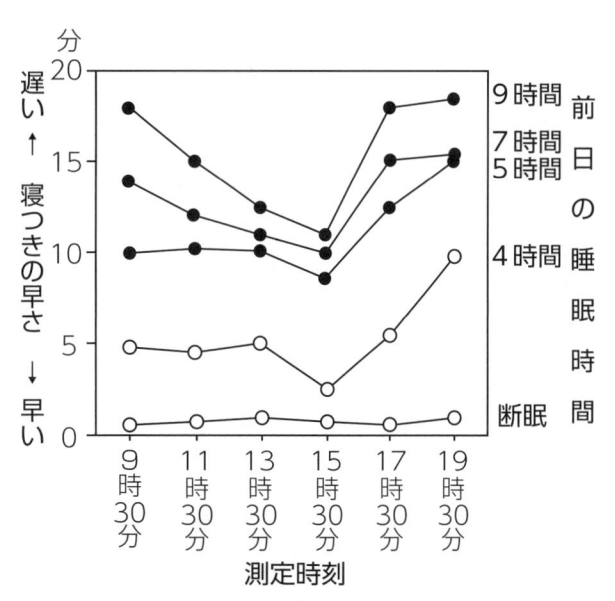

図 29　前日の睡眠時間と日中の眠気
（Dement ら，1982 を改編）

【典拠】

・Dement W, Seidel W, Carskadon M. Daytime alertness, insomnia, and benzodiazepines. Sleep　1982 ; 5(Suppl1) : S28 – 45.

Q45 夜勤後の昼間睡眠は，普段の夜間睡眠よりどれだけ短くなるといわれていますか？

解説

　夜勤者の主睡眠となる昼間は，体温の上昇期にあることや，光環境，音環境が睡眠に適していないなどの影響で，夜間睡眠時間より確実に短くなります。それは年齢を経ればより顕著に現れます。一般には，夜間睡眠より2時間短くなることが知られています。ただし，図30に示したように，睡眠開始時刻によっては，連続して2時間（120分）も眠れないということが生じます。働く人にとって睡眠は，まず寝つきが大切で，次に持続時間です。寝つきが大切な理由は，朝の熟睡感の多くは寝つきが反映されたものだからです。したがって，眠りにくい時刻帯を避けながら，睡眠をとることが重要になります。十分な睡眠を確保することを考えたならば，まだ体温の低い時刻帯に，すなわち夜勤が終わったら職場の仮眠室で寝ていくのがベストです。そうでなければ，自宅に帰って，なるべく早いうちに就寝することが有効です。自宅に帰ってぐずぐずしていると，眠る機会を失ってしまうということになりかねないのです。

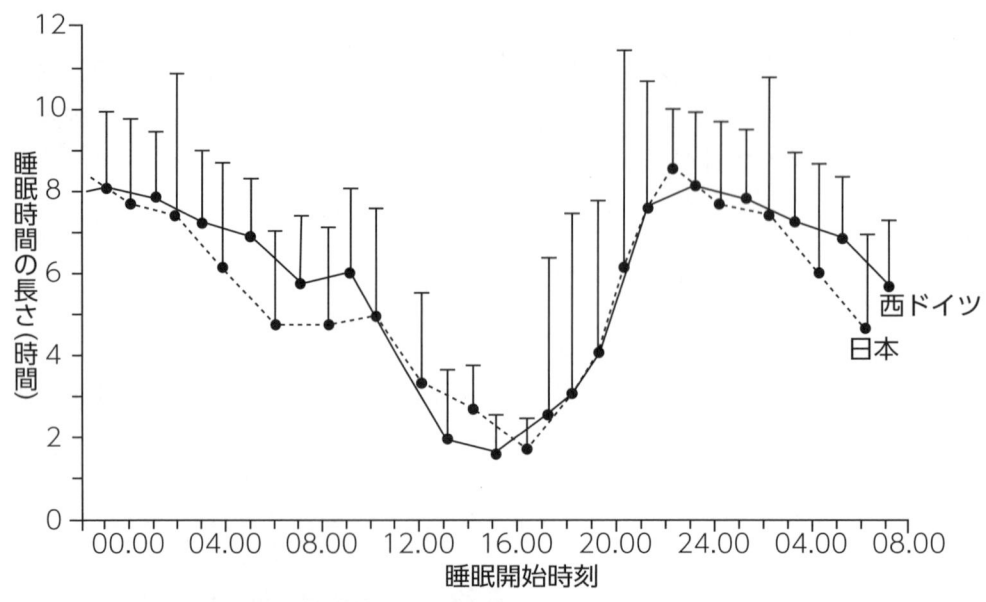

図30　睡眠開始時刻と一連続睡眠時間の関係（小木，1994を改編）

【典拠】

・Åkerstedt T and Gillberg M. A dose-response study of sleep loss and spontaneous sleep termination. Psychophysiology　1986 ; 23 : 293 – 297.
・小木和孝. 休息要求からみた疲労の種類. 現代人と疲労. 紀伊国屋書店，1994 : 194.

夜勤・交代勤務者が夜勤の前に眠ろうとしても眠れないことがあります。これは生理的に入眠に適さない時刻帯があるからです。その時刻は何時ごろですか？

解説

　1 日は 16 時間の覚醒時間と 8 時間の睡眠時間の 24 時間ですが，図 31 はそれを 20 分にしようと考えて実験を行ったものです。具体的には，13 分の覚醒時間と 7 分の睡眠時間イコール 20 分にして，朝の 7 時から翌日の 7 時まで，13 分起きて，7 分寝て，13 分起きて，7 分寝ることをずっと繰り返します。左の図は，「眠らないように努力してください」といった場合です。「眠らないように」というわけですが，いつも寝ている夜間時刻帯は 7 分ギリギリまで寝ているわけです。右の図は，今度は「眠るように努力してください」といいます。そうしますと左図より長く眠っている感じがしますが，「眠るように努力してください」といった場合も 3 分も眠れていない時刻帯があります。19 時ごろです。この時刻帯は「睡眠禁止帯（Sleep Forbidden Zone）」と名づけられました。したがって夜勤者は，夜勤の前に眠ろうと思っても眠れず，睡眠不足状態で夜勤をせざるをえないため，安全リスクが高まるというわけです。

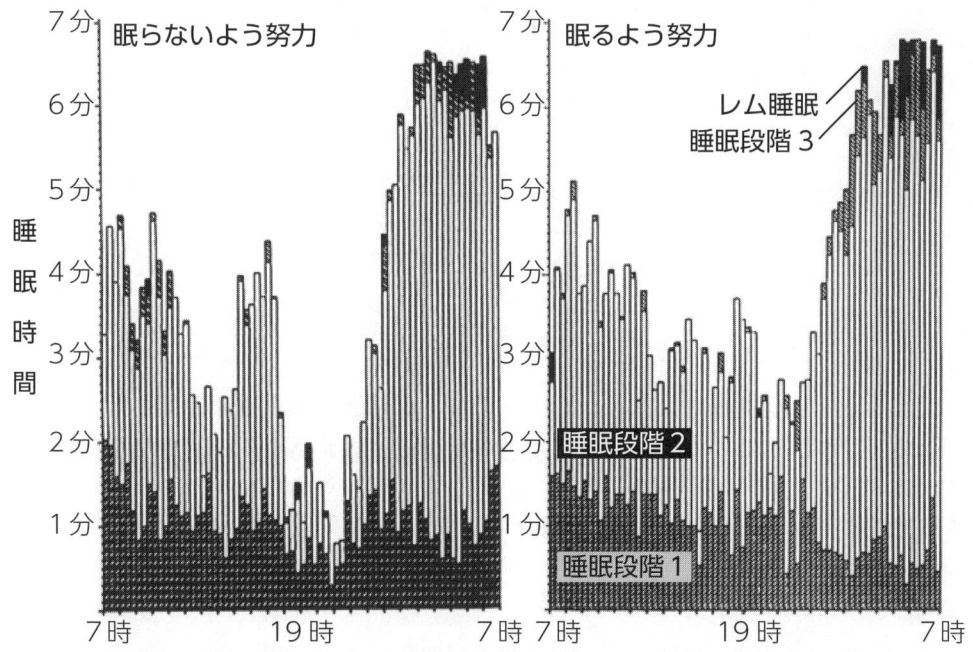

図 31　眠ろうとしても眠れない睡眠禁止帯（Lavie, 1986 を改編）

【典拠】

・Lavie P. Ultrashort sleep-waking schedule. III. 'Gates' and 'forbidden zones' for sleep. Electroencephalogr Clin Neurophysiol　1986；63（5）：414-25.

夜勤中に仮眠をとると，夜勤後の昼間睡眠はどうなりますか？

解説

　夜勤中に仮眠をとると昼間の睡眠時間が減って，生活時間の創出につながります。夜勤者にとっては，昼間の時刻帯というのは，勤務が終わった自由時間で，日勤者にとっての，いわばアフター5の時刻帯になります。しかしながら，夜勤者は，その時刻帯を夜勤時に生じた疲労回復のために睡眠に費やしがちです。昼間の時刻帯は，体温の上昇，光環境や騒音などによって睡眠には適していません。そのため夜勤者は，寝たり起きたりを繰り返し，自由時間が奪われてしまいます。それはとりわけ熟年の夜勤者でひどくなります。そこで，夜勤中にあらかじめ質の良い仮眠をとっておくと，昼間に寝る時間が減って，生活時間の創出につながるのです。図32は，夜勤中の仮眠の長さと昼間の睡眠の長さの関係を見たものです。仮眠時間が増えるにつれて，昼間睡眠の長さが短くなっていることがわかります。しかし，とくに米国では，夜勤中に仮眠をとるとその後の昼間睡眠が短くなるので問題視する傾向があります。それは，米国では，1週間連続の夜勤が多いからです。

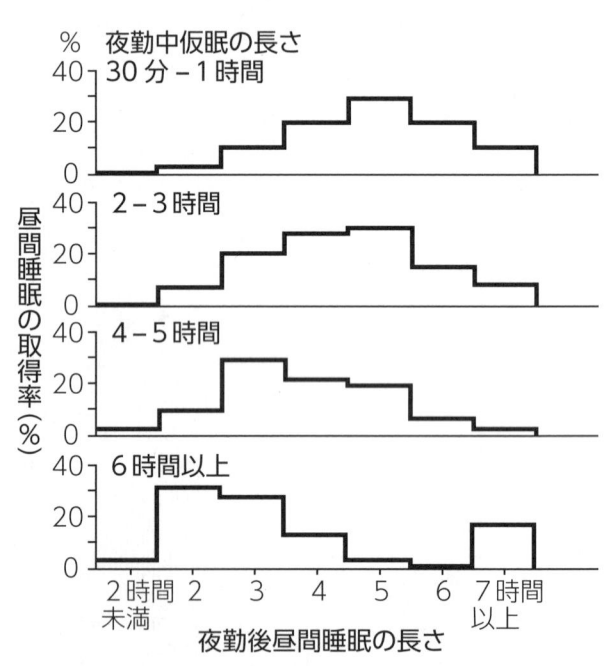

図32　夜勤中の仮眠の長さと昼間睡眠の取得率
（Sakai と Kogi，1986 を作図）

【典拠】

・Sakai K, Kogi K. Conditions for three-shift workers to take nighttime naps effectively. In : Haider M, Koller M, Cervinka R, eds. Night and shiftwork : Longtrem effects and their prevention. Frankfurt am Main,Verlag Peter Lang　1986 : 173 – 180.

夜勤・交代勤務者は昼間に眠ることになりますが，眠れないのは概日リズムや温度，騒音，光環境のような物理環境だけが問題ですか？

解説

　実は，睡眠に最も影響を及ぼすのは心理的要因です。とくに入眠前のストレスは睡眠の質を低下させてしまいます。入眠前のストレスは2種類あります。一つは，ルミネーション（rumination）といい，過去のことを思い悩むことです。夜勤での失敗などを入眠まで持ち込むと睡眠深度の深い徐波睡眠を少なくしてしまいます。もう一つは，アプリヘンション（apprehension）といい，眠って起きてからの心配ごとです。この心理的ストレスも徐波睡眠を少なくしてしまうことが知られています。図33はルミネーション（注意睡眠）の実験手続きと結果です。この実験は5日間の手の込んだ方法を用います。まず第1夜目は，適応睡眠です。これは実験室で睡眠する場合には，枕の違いや電極の装着によって，ふだんより質の悪い睡眠となるため，それに適応するように設ける夜です。第2夜目は基準睡眠です。この睡眠を注意睡眠と比較する基準の睡眠とします。第3夜目は，妨害睡眠です。対象者を1時間ごとに起こして作業をさせて，再び眠らせるということを繰り返します。第4夜目は自宅睡眠です。第3夜で睡眠不良状態になっているので，対象者を自宅に帰し，十分睡眠をとらせ，疲労を回復させます。そして第5夜目は，注意睡眠になります。対象者は再び実験室で就寝しますが，そのとき，実験者から「第3日夜と同様に，1時間おきに起こしますよ」と教示されますが，実際は起こされないのです。そして第2日目の基準夜と第5日目の注意睡眠を比較しますと，注意睡眠では基準睡眠に比べて，中途覚醒時間が長く，疲労の回復に必要な徐波睡眠時間が短くなっています。

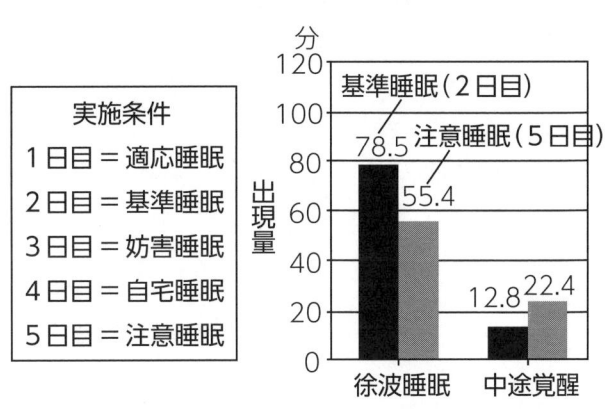

図33　ルミネーションによる徐波睡眠の抑制
（庄司ら，1995を改編）

【典拠】

・庄司卓郎，斉藤むら子，酒井一博．いつ睡眠から起こされるか分からないストレスが睡眠構造に及ぼす影響．労働科学　1995，71(11)：443−450．

Q49 眠気が生じる原因は「覚醒の三過程モデル」で説明できるといいます。この三過程モデルはどんなモデルですか？

【解説】

　図34は，だんだん蓄積していく眠気の増大を示した過程S（過程1（；ホメオスタシス性）），蓄積する性質はないけれども覚醒度が一定のリズムで変化する過程C（過程2（；リズム性）），その合成曲線の破線がS＋C（過程1＋2）を示しています。S′は睡眠によって覚醒度が回復したことを示しています。それだけでは，三過程モデルではなく，二過程モデルになってしまうので，図中に記されていないもう一つの因子があるのです。それが過程Wです。過程Wとは，別名「睡眠慣性」といって，睡眠から目覚めた時に「ぼぉっーと」した感じが継続することです。これは中学時代に習った慣性の法則の，眠気バージョンと考えれば理解が容易になるでしょう。本来ならば，起床時というのは，睡眠が終わった状態ですので，睡眠欲求である眠気が生じないはずです。しかし寝起き時には，「ぼぉっーと」した感じが継続し，眠気のリズム変化の初期値を底上げしてしまうのです。そこで，その因子も三過程モデルには取り込まれているのですが，図中には描けないので，記されていないのです。

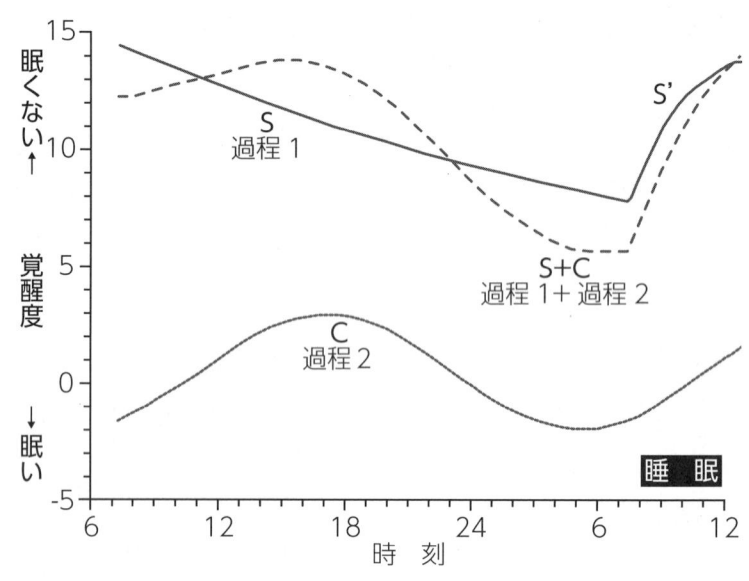

図34　覚醒の3過程モデル（Åkerstedt と Folkard，1995 を改編）

【典拠】

・Åkerstedt T, Folkard S. Validation of the S and C components of the three-process model of alertness regulation. Sleep　1995 ; 18(1): 1-6.

人間にはリズムと同様に，起きている時間が長いと眠気が生じます。では何時間起きていれば眠気が生じますか？

解説

　人間の眠気は，リズム性とホメオスタシス性で説明ができます。ホメオスタシス性とは恒常性といい，変化したものが元に戻るという性質です。したがって眠気がない状態から最高に眠い状態に至り，睡眠をとると眠気がない状態に至るというのが，ホメオスタシス性であり，疲労の科学の用語では，可逆性ともいいます。図35は，客観的な眠気のテストである反応時間テストの変化を示したものです。反応時間テストとは，「目の前の赤いランプが点灯したら，スイッチを押してください」と実験協力者に告げ，赤いランプがついた時から，実験協力者がスイッチを押す時間を測るのです。その反応の時間が長ければ，眠気が強いことを意味します。図を見ますと，10時から起き続けると，16時間経過した時から反応時間が遅くなり始めていることがわかります。つまり起き続けるとホメオスタシス性によって眠気が生じて安全上問題が生じることになります。日勤者の生活リズムは睡眠→勤務→自由時間であるのに対し，夜勤者のそれは睡眠→自由時間→勤務のように，勤務の前の自由時間がホメオスタシス性の眠気を助長するのです。したがって，夜勤入りの日の夜勤・交代勤務者の行動は，朝に起きたとしても，出勤前はなるべく出宅時間ギリギリまで眠るようにして，夜勤の時にホメオスタシス性の眠気が生じないように努力を行っているのです。

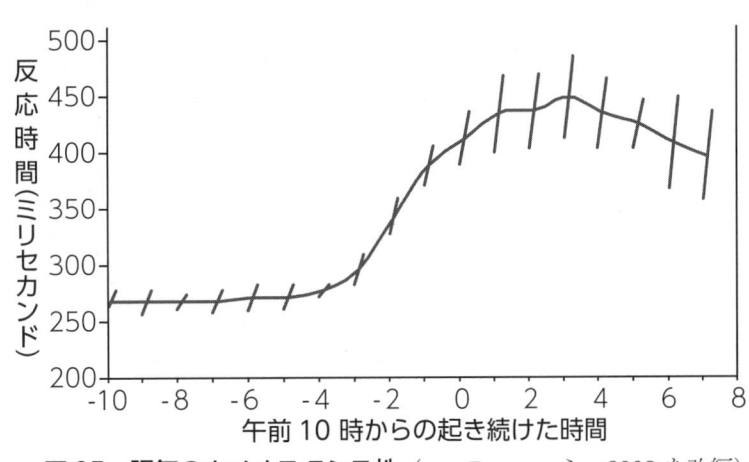

図35　眠気のホメオスタシス性（van Dongen ら，2008 を改編）

【典拠】
・van Dongen HPA and Belenky D. Alertness level. In Binder MD, Hirokawa N and Windhorst U eds., Encyclopedia of neuroscience. Berlin, Springer. 2008 : 75-77.

Q51 夜勤中は非常に眠くなり，安全上注意が必要です。たとえば夜勤の状態を飲酒状態と比べた研究があります。それによれば，夜勤中の最も眠たい時刻帯では，血中アルコール濃度に換算すると，どのくらいの摂取量になりますか？

【解説】

　夜勤中の眠気を飲酒状態と比べる研究を「アルコール中毒法（alcohol intoxication）」といいます。年末に自動車を運転していて，検問でアルコール濃度を測られたことがある人がいるのではないでしょうか？　日本の酒気帯び運転の基準は，呼気中 0.15mg /l で，それを血中に直すと 0.03％ に匹敵します。でも夜勤の眠気は，体温の最も下がる最も眠い時刻で，なんと 0.08％ 相当以上にもなってしまうのです（図 36）。夜勤は，それだけ危ないのです。酒気帯び運転で警察に捕まってしまうのに，酒気帯び運転のような夜勤に対策をたてていないのはどういうことなのでしょう。航空業界では，特に2時〜5時 59 分までをヴォックル（WOCL ；Window of Circadian Low）と呼び，注意を喚起しています。

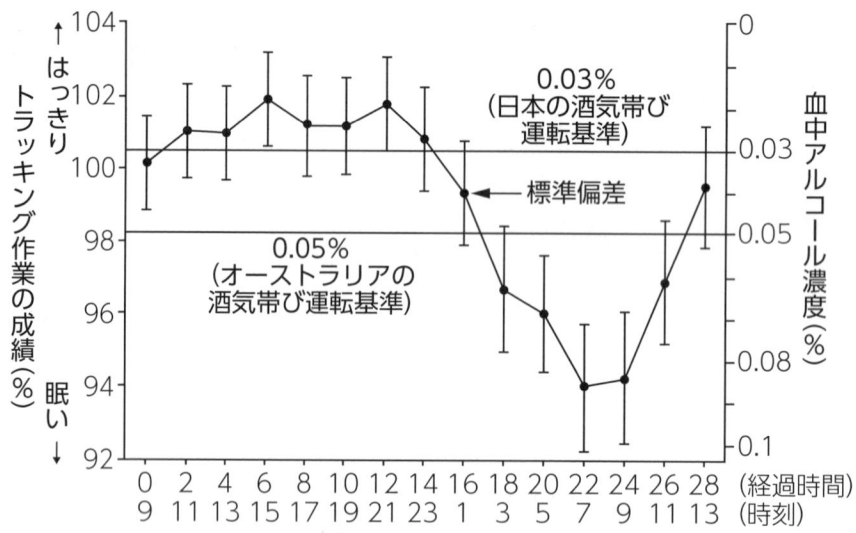

図 36　夜間トラッキング作業成績と血中アルコール濃度（Dawson と Reid，1997 を改編）

【典拠】

・Dawson D, Reid K. Fatigue, alcohol and performance impairment. Nature　1997 ; 388(6639):235.

Q52 自動車運転中の眠気対策としてドライバーに提供するのに，何が効果的ですか？

解説

　夜勤・交代勤務が行われている業種の中でも，トラックやバス，タクシーなどの自動車運転は眠気と安全がもっとも直結しているといえるでしょう。とりわけ夜間の自動車運転は，暗い運転席でただ一人，連続的操縦と緊急時操作に備えた注意が要求され，運転席空間に拘束され，環境の変化が乏しくなります。眠気が生じやすい条件がそろっているのにもかかわらず，できる対策は限られています。特別な装置を使わない誰でもできる眠気対策としてドライバーがよく行っているのは，窓を開けたりエアコンを使って冷風を浴びたり，カーラジオやステレオで音楽を聴くことです。この効果についてシミュレータを使って調べると，15分未満の座席での仮眠およびカフェイン服用では偽薬を飲んだ場合よりも1時間の眠気抑制効果があることを示しました。その結果はエアコンやラジオよりも眠気抑制効果が高いというものです。実際の道路における運転でも，窓をあけることによる眠気抑制効果はなく，音楽も短時間しか効果がありませんでした。また，車外の道路環境における対策としては道路面のランブル・ストリップ（道路の中央線にあるでこぼこした部分を車道にまで延ばしたもの）は，配置する間隔や長さ，幅，通ったときの音の大きさなど条件を変えても5分程度の効果が得られただけでした。車内での眠気対策は，あくまで停車する場所を探して仮眠やカフェインによる対策をとることくらいの効果しか期待できそうにありません。他には，ミントのガムなど噛んでいるドライバーは多いようですが，最近見かける長持ちするようになった味ほどには眠気を抑える効果は続かなそうです。

【典拠】

・Horne JA, Reyner LA. Counteracting driver sleepiness : effects of napping, caffeine, and placebo. Psychophysiology　1996 ; 33(3): 306 - 9.

・Reyner LA, Horne JA. Evaluation "in-car" countermeasures to sleepiness : cold air and radio. Sleep　1998 ; 21(1): 46 - 50.

・Anund A, Kecklund G, Vadeby A, Hjälmdahl M, Akerstedt T. The alerting effect of hitting a rumble strip-a simulator study with sleepy drivers. Accid Anal Prev　2008 ; 40(6): 1970 - 6.

・Schwarz JF, Ingre M, Fors C, Anund A, Kecklund G, Taillard J, Philip P, Akerstedt T. In-carcountermeasures open window and music revisited on the real road : popular but hardly effective against driver sleepiness. J Sleep Res　2012 ; 21(5): 595 - 9.

早朝勤務中の眠気にはどのような特徴があります
か？

【解説】

　近年，早朝勤務には，夜勤にも劣らない重要なリスクがあるといわれています。それは，早朝勤務前の睡眠では「起きなければいけない」というストレス（アプリヘンション）が疲労の回復に必要な徐波睡眠を短縮してしまうからです。では，早朝勤務中の眠気にはどのような特徴があるのでしょうか？　それを示したのが図37です。図は，6時間ワッチ，6時間休息の編成で見張り番勤務（watch keeping）をしている船舶の航海士の眠気をシフトごとに示したものです。図を見るとわかるように，日勤，夕勤，夜勤では，0時〜6時の時刻帯を除いて，ワッチ時間の経過にしたがって疲労性の眠気が生じて，だんだん高くなっています。またいずれもシフト前の眠気（□）が高いのに対し，それ以降の眠気は低くなっていることがわかるかと思います。これは，眠気のマスキング効果（masking effect）といって，ワッチという業務によって，本来の眠気が隠蔽されているのです。また早朝勤務と夜勤の眠気が同じ水準であることに気づきます。さらには，早朝勤務は勤務開始後から他のシフトに比べて眠気が高いことがわかります。これは，早朝勤務前の睡眠では徐波睡眠が短縮し，前の勤務で生じた疲労が回復しない状態で勤務を開始しなければいけないことに起因しています。

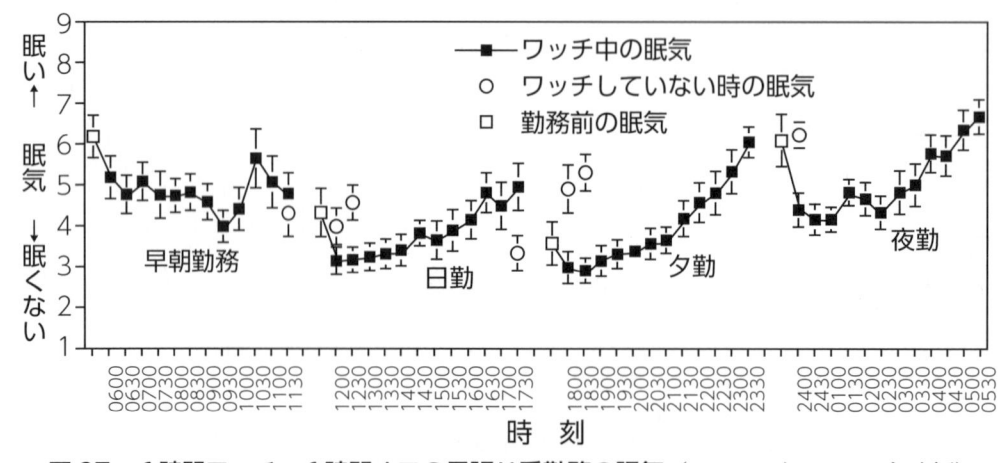

図37　6時間ワッチ×6時間オフの見張り番勤務の眠気（Eriksen ら，2006 を改編）

【典拠】

・Eriksen CA, Gillberg M, Vestergren P. Sleepiness and sleep in a simulated "six hours on/six hours off" sea watch system. Chronobiol Int　2006；23(6):1193–202.

Q54 夜勤者は日勤者と比べて夜間に照明を浴びざるをえないため，抗腫瘍・抗酸化作用のあるメラトニン分泌量が少なくなりますが，最もメラトニン分泌を抑制する光は何色の光ですか？

解説

　メラトニンという物質は，人間を眠らせる催眠作用があると同時に抗腫瘍・抗酸化作用があります。夜勤・交代勤務者は，そもそも睡眠をとる時刻帯に働かざるをえないため，夜間に分泌されるメラトニン分泌量が少なくなります。とくに照明に多く含まれる 460 ナノメーターの青色光は，メラトニン分泌を最も抑制します（図 38）。このごろ，「お得！」というので，照明を LED 照明に変える人が増えていますが，青色光を多く含む LED 照明は，発がん性を促進させる可能性があります。LED 照明に買い替える場合は，波長を変えることができるものを選びましょう。2007 年に WHO の国際がん研究機関（International Agency for Research on Cancer；IARC）は，夜勤・交代勤務を，発がん性の 5 つの水準のうち，上から 2 番目のグループ 2A に分類しました。

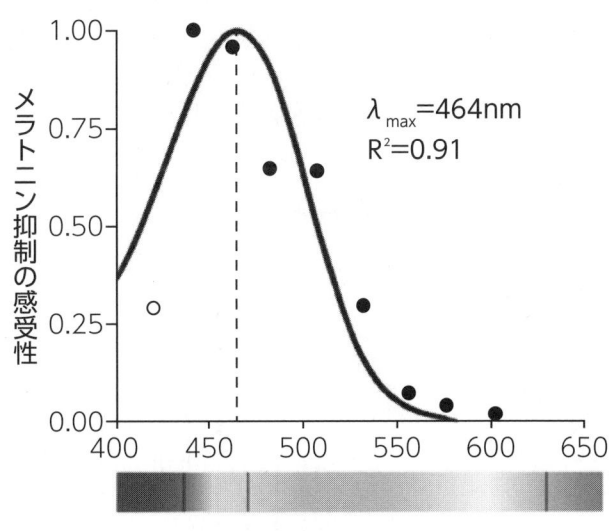

λ_{max}=464nm
R^2=0.91

図 38　光の波長とメラトニン抑制の感受性
（Brainard ら，2001 を改編）

【典拠】

・Brainard GC, Hanifin JP, Greeson JM, Byrne B, Glickman G, Gerner E, Rollag MD. Action spectrum for melatonin regulation in humans : evidence for a novel circadian photoreceptor. J Neurosci　2001 ; 21(16):6405-12.
・International Agency for Research on Cancer. IARC monographs on the evaluation of carcinogenic risks to humans. Painting, firefighting, and shiftwork. Lyon : International Agency for Research on Cancer　2010 : 563-766.

Q55 WHO の国際がん研究機関 (International Agency for Research on Cancer；IARC) は 2007 年 10 月に，夜勤・交代勤務を発がん性要因に認定しましたが，そのメカニズムは何ですか？

解説

　国際がん研究機関は，発がん性の５水準のうち，夜勤・交代勤務を上から２番目のグループ 2A に認定しました。2010 年には，フランスのリヨンで 12 ヵ国 24 名の科学者によって会議が持たれ，解説本（モノグラフ 98）が示されました。それによると，夜間に浴びる光，とりわけ波長の短い 460 ナノメーターの青色光によって，抗腫瘍・抗酸化作用のあるメラトニンが抑制され，女性では性ホルモンのエストロゲンが上昇して乳がんに，男性ではテストステロンが上昇して前立腺がんになるといわれています。たとえば，看護師の中では，元夜勤専従経験者で現在交代勤務を続けている人がもっとも発がん性が強いという研究成果もあります。それは図 39 に示したように，夜勤専従者でもメラトニンのピーク時刻はしっかり昼間睡眠時刻帯に移動していますが，メラトニンの分泌量は，日勤者より低いことが原因と考えられます。

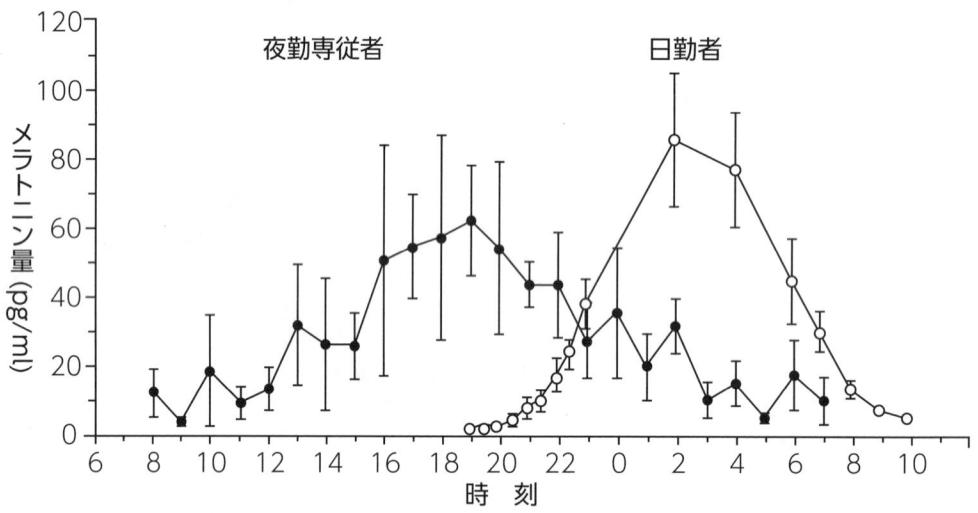

図 39　日勤者と夜勤専従者の時刻に対するメラトニン分泌量（Sack ら，1992 を改編）

【典拠】

・International Agency for Research on Cancer. IARC monographs on the evaluation of carcinogenic risks to humans. Painting, firefighting, and shiftwork. Lyon, International Agency for Research on Cancer, 2010.

・Stevens RG. Electric power use and breast cancer : a hypothesis. Am J Epidemiol 1987 ; 125(4): 556−61.

・Sack RL, Blood ML, Lewy AJ. Melatonin rhythms in night shift workers. Sleep 1992 ; 15 (5): 434−41.

・Hansen J, Stevens RG. Case-control study of shift-work and breast cancer risk in Danish nurses : impact of shift systems. Eur J Cancer 2012 ; 48(11): 1722−9.

Q56 女性の夜勤者に乳がんが多いですが，男性の夜勤者で最も多いがんは何がんですか？

【解説】

　2007年にWHOの国際がん研究機関(International Agency for Research on Cancer ; IARC)が，夜勤・交代勤務を発がん性の要因と規定しました。そのメカニズムは，夜間に光を浴びることで，抗腫瘍・抗酸化作用のある物質のメラトニンが抑制され，女性では性ホルモンのエストロゲンが上昇して乳がん，男性では性ホルモンのテストステロンが上昇して前立腺がんになるとい言われています。表11は，男性夜勤者の夜勤とがんの関係を示したものです。オッズ比とは，競馬や競輪などのギャンブルをされる方には馴染みの言葉だと思います。がんにならない人を「1」とした時にがんになる人が何倍高いかを示したものです。表をみますと，前立腺がんのオッズ比は2.77と他のがんより高いことがわかると思います。わが国のデータにおいても3交代勤務者の前立腺がんの罹患のオッズ比は3倍という報告があります。

表11　男性の夜勤とがんの関係 (Parent ら，2012 を改編)

関連性	病名	オッズ比	信頼区間(95%)	
強い	肺がん	1.76	1.25	2.47
	大腸がん	2.03	1.43	2.89
	膀胱がん	1.74	1.22	2.49
	前立腺がん	2.77	1.96	3.92
	直腸がん	2.09	1.40	3.14
	すい臓がん	2.27	1.24	4.15
	非ホジキンリンパ腫	2.31	1.48	3.61
同じか弱い	胃がん	1.34	0.85	2.10
	腎臓がん	1.42	0.86	2.35
	食道がん	1.51	0.80	2.84
	悪性黒色腫	1.04	0.49	2.22

【典拠】

・Parent MÉ, El-Zein M, Rousseau MC, Pintos J, Siemiatycki J. Night work and the risk of cancer among men. Am J Epidemiol　2012 ; 176(9): 751 – 9.

・Kubo T, Ozasa K, Mikami K, Wakai K, Fujino Y, Watanabe Y, Miki T, Nakao M, Hayashi K, Suzuki K, Mori M, Washio M, Sakauchi F, Ito Y, Yoshimura T, Tamakoshi A. Prospective cohort study of the risk of prostate cancer among rotating-shift workers : findings from the Japan collaborative cohort study. Am JEpidemiol　2006 ; 164 (6): 549 – 55.

Q57 時計遺伝子で夜勤の適応に関係している遺伝子は何ですか？

解説

　ヒトには時計遺伝子という時を刻む遺伝子（マスタークロック）が脳の視床下部の視交叉上核にあります。この遺伝子はいくつか知られています。bmal-1や，CRY，CLOCK，PERIODなどです。そのなかのPERIOD（ピリオド）という時計遺伝子のうち，PERIOD-3（PER 3）が夜勤適応に関係しているといわれています。図40は，PER 3の4/4という遺伝子を持つ人よりもPER 3の5/5と遺伝子を持つ人の方が夜勤に適応できないということを示しています。つまり，図の縦軸は睡眠開始時に出現するシータ波ですので，これが高いということは，眠気が高いことを意味します。横軸は睡眠物質であるメラトニンの立ち上がり時間で，通常睡眠開始時刻の2時間前にあるといわれていますから，横軸は夜間から早朝までの時刻を記しています。夜勤は安全上，事故が生じやすく，また健康上でもがんになりやすいので，夜勤・交代勤務者を遺伝子選別すべきであるという声があるのは確かです。しかし，夜勤に適応できる遺伝子と職業能力とは異なります。したがって，夜勤の労働条件の改善が優先されることになります。ただ，不眠不休で働かざるをえない職場では，この遺伝子選別が今後議論されることは十分考えられます。

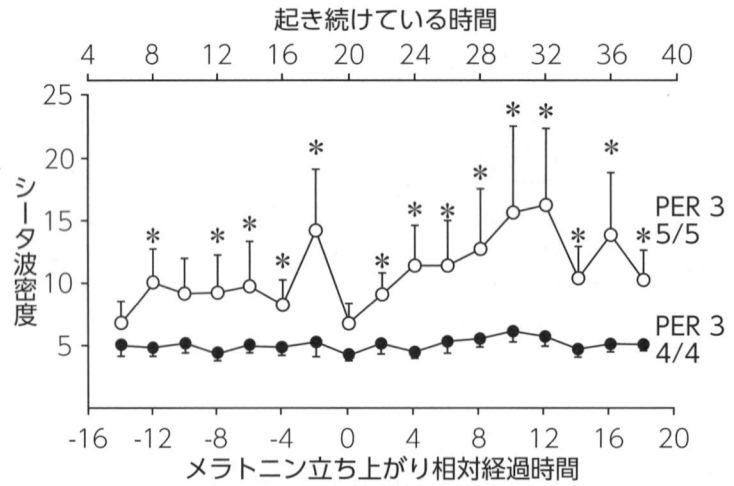

図40　PER3 遺伝子とシータ波密度（Viola ら，2007 を改編）

【典拠】

・Viola AU, Archer SN, James LM, Groeger JA, Lo JC, Skene DJ, von Schantz M, Dijk DJ. PER3 polymorphism predicts sleep structure and waking performance. Curr Biol　2007 ; 17 (7): 613-8.

さまざまな職種で夜勤・交代勤務が行われているのはどうしてですか？

解説

　夜勤・交代勤務は，生体リズムに反する勤務ですので，これまでは限られた職種でしか行われていませんでした。それらを分類すると，大きく5つくらいに分けられます。（1）病院，電気，消防，警察など公共事業およびこれに準ずるもの，（2）新聞，放送，運輸など現代生活をする上で国民にサービスが求められるもの，（3）鉄鋼業や化学工業のように生産技術上連続操業が求められるもの，（4）警備員，守衛のように工場などの保安上の理由があるもの，（5）設備投資に対する減価償却を早めるため行うものです。たとえば鉄鋼業では，鉄鉱石を溶かす炉を一度冷やしてしまうと，炉が温まるまで時間がかかってしまうため，夜勤・交代勤務をせざるをえないという理由で行われます。しかし最近では労働のIT化が進み，これまで夜勤・交代勤務を行っていなかった職種でも行われるようになってきています。たとえば時差の関係で海外取引を行う株のトレーダーなどです。また，利便性の追求から飲食店，コンビニエンスストアなども24時間営業をするようになっていますから，そこでも夜勤・交代勤務が行われています。それらの職種では，これまでの古典的な夜勤・交代勤務制度では見られなかった，より柔軟な勤務スケジュールや人員配置が行われているといわれます。ある飲食業では，客のニーズに合わせて，夜勤の人員配置を調整していることが明らかになり，「ワンオペ」という言葉が流行語にもなりました。またこれまで女性は母性保護の立場から，多くの職場で夜勤が免除されてきましたが，1985年に制定された男女雇用機会均等法の改正（1999年）によって女性にも夜勤が解放されました。もはや現代社会は，利便性を追及した24時間社会といえるでしょう。欧州では，きっちり9時から17時まで働いている労働者が全労働者の15%に過ぎないという統計もあるくらいです。

【典拠】

・Härmä M, Kecklund G. Shift work and health-how to proceed? Scand J Work Environ Health　2010 ; 36(2)81 − 4.

Q59 先進工業国における夜勤・交代勤務者の比率は，全労働者に対してだいたい何％ですか？

　だいたい 20 〜 25％といわれています。そこに大きな問題が生じます。なぜなら残りの 75 〜 80％の労働者は，夜勤・交代勤務に従事していないわけですから，夜勤・交代勤務者の安全，健康，生活リスクに気づきにくいのです。夜勤・交代勤務者は，人間の生命を左右する医療機関，一瞬のミスが大事故につながる交通機関，巨大装置産業などで働いていることから，夜勤・交代勤務者のリスクは，その他の労働者の安全，健康，生活リスクに直接的につながっているのです。とくに安全や健康は，事故や病気にならないとわからないという負の概念，つまり負の性質を持っています。ですから，関越道高速ツアーバス事故（2012 年）のように，事故が起こってはじめて夜勤・交代勤務のリスクに気づくのです。それでは遅いのです。そこで本書のような『シフトワーク・チャレンジ』では，夜勤・交代勤務者のリスクを，夜勤リスクのステークス・ホルダー間で共有して，コミュニケーションをはかろうとする試みというわけです。今後，社会の国際化にともなって，さまざまな分野で，夜勤・交代勤務が行われるようになるでしょう。来たるべき未来に向けて，夜勤・交代勤務に関する知識を共有しましょう。

【典拠】
・厚生労働省平成 24 年労働者健康状況調査，労働安全衛生特別調査（労働者健康状況調査）http://www.e-stat.go.jp/SG1/estat/GL08020103.do?_toGL08020103_&tclassID=000001052479&cycleCode=0&requestSender=estat
・Stevens RG, Hansen J, Costa G, Haus E, Kauppinen T, Aronson KJ, Castaño-Vinyals G, Davis S, Frings-Dresen MH, Fritschi L, Kogevinas M, Kogi K, Lie JA, Lowden A, Peplonska B, Pesch B, Pukkala E, Schernhammer E, Travis RC, Vermeulen R, Zheng T, Cogliano V, Straif K. Considerations of circadian impact for defi ning 'shift work' in cancer studies : IARC Working Group Report. Occup Environ Med　2011 ; 68(2): 154 – 62.

Q60 夜勤・交代勤務者は太りやすいといいます。それはどうしてですか？

　昼間に働く人たちと比較すると，夜勤・交代勤務者は，代謝異常と障害（肥満，心血管疾患，消化性潰瘍，胃腸障害，血糖値の統制不全，メタボリックシンドロームなど）のリスクが高くなります。少なくともこれらの病気の一部は，食事の内容や食べるタイミングと関連があるかもしれません。もちろん社会心理的ストレスや概日リズム変調，睡眠不足，運動不足のような代謝に影響を及ぼす他の要因があることは確かなことです。不規則な勤務では，食事のタイミングや食べる回数が普段の生活とは異なります。とりわけ，夜勤では夕食をとったとしても別に間食をとることはめずらしくありません。また，睡眠不足は食物摂取を調整するホルモンであるグレリンの代謝を増加させて，レプチンの代謝を低下させ，空腹感を増大させることがわかっています。勤務中での限られた食事場所，時間，手軽に空腹を満たす食事は勢い高カロリーになりがちです。図41は，製紙工場で交代勤務を行う女性の活動量からみた睡眠－覚醒リズムと，勤務と食事のタイミングを示しています。この図から，不規則な睡眠取得とともに，1日3食に加えて何回かの間食がとられていることがわかります。

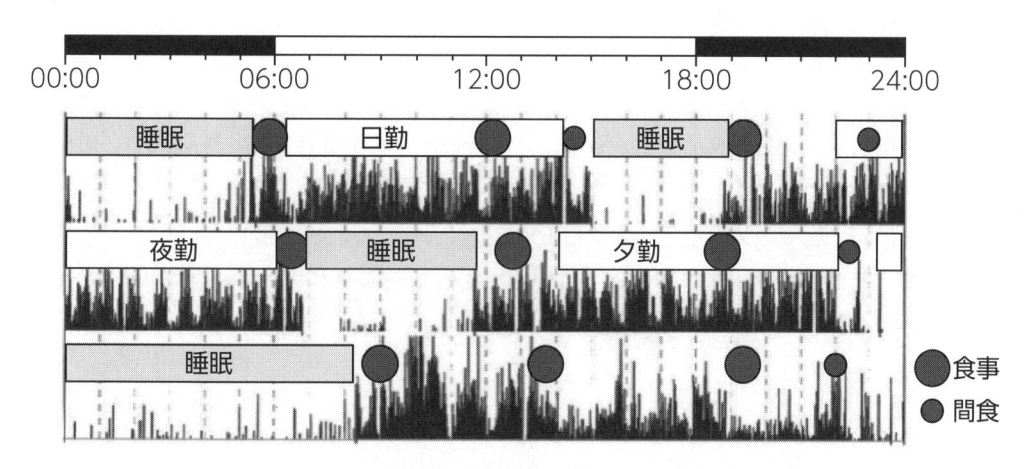

図41　夜勤・交代勤務者の勤務，睡眠，食事のタイミング

【典拠】
・Lowden A, Moreno C, Holmbäck U, Lennernäs M, Tucker P. Eating and shift work-effects on habits, metabolism and performance. Scand J Work Environ Health 2010 ; 36(2): 150 – 62.

わが国の夜勤・交代勤務に関する指針やガイドラインにはどのようなものがありますか？

解説

　わが国の夜勤・交代勤務に関する指針は，1978年に出された日本産業衛生学会における交代勤務委員会の「夜勤・交代制勤務に関する意見書」，1984年に出された交替勤務基準研究会（斉藤一代表）作成の「夜勤・交替制の勤務基準に関する提言」，1999年に労働省（当時）が主導した「労使による深夜業に関する自主的ガイドライン作成事業」を契機に，鉄鋼，電機，自動車，化学，紡績，食品産業，百貨店の7業種の各経営者団体と産別組合が作成したガイドライン，2013年には，日本看護協会が策定した「看護職の夜勤・交代制勤務に関するガイドライン」などがあります。これらは，初期には労働者保護に基づき，古典的な夜勤・交代勤務職場を対象にした指針から，労使参画による合意に基づく労働特性を踏まえた自主対応型の指針へと変遷していることがみてとれます。近年においては，夜勤・交代勤務研究の成果も成熟期を迎えていることから，夜勤・交代勤務者教育に重きが置かれる傾向があります。また24時間社会を迎えた今，夜勤・交代勤務に従事する労働者だけでなく，その恩恵を受けているすべてのステークス・ホルダー間に夜勤のリスクを共有することも求められています。今後は，それらを包括した指針が策定されることが望まれますが，その一環として本書『シフトワーク・チャレンジ』は位置づけられています。

【典拠】

・日本産業衛生学会交代勤務委員会．夜勤・交代制勤務に関する意見書．産業医学　1978；2（5）：308−344．・交替勤務基準研究会．夜勤・交替制の勤務基準に関する提言．1984.

・特集・夜勤・交代勤務．労働の科学　2001；56(12).

・日本看護協会．看護職の夜勤・交代制勤務に関するガイドライン．2013.

・酒井一博．基礎から学ぶ交代制勤務の実務——交代制勤務パターンについて考える：主要23ケース．労政時報　2006；3679：70−90.

夜勤をしていると健康上，どのような問題がありますか？

解説

　古くは胃腸障害・十二指腸潰瘍のような消化器系疾患が知られていましたが，最近は，さまざまな研究，さまざまな疾病が報告されています。たとえば国民総背番号制の国スウェーデンでは，双生児を対象にした研究も行われています。その研究では，双子のうち夜勤・交代勤務の経験がある労働者は，経験がない労働者より明らかに睡眠障害に罹患していることが報告されています。また夜勤を15年以上続けていると脳梗塞になるという報告もなされました。とりわけわが国では疫学研究が盛んです。その理由は，わが国の夜勤・交代勤務者は，労働安全衛生法によって年2回の健康診断が義務づけられています（労働安全衛生規則第45条，第66条の2）ので，データが集めやすいからです。たとえば，1日3合（アルコール60g）以上飲酒する人は多量飲酒と定義されますが，夜勤・交代勤務者は，日勤者に比べて2.14倍，睡眠の質が悪いとも報告があります。また14年間にわたって夜勤・交代勤務者の血圧を追跡調査したわが国の研究では，夜勤・交代勤務者の収縮期血圧の増加が，明らかに常日勤者より高いという報告があります。男性交代勤務者の前立腺がんも3倍高いと報告されています。

【典拠】

- ヨ・ルーテンフランツ．天明佳臣，酒井一博訳編．交代勤務者の健康と家庭生活．労働科学研究所維持会資料　1183－1187．1988．
- Ingre M, Åkerstedt T. Effect of accumulated night work during the working lifetime, on subjective health and sleep in monozygotic twins. J Sleep Res　2004；13（1）：45－8.
- Brown DL, Feskanich D, Sánchez BN, Rexrode KM, Schernhammer ES, Lisabeth LD. Rotating night shiftwork and the risk of ischemic stroke. Am J Epidemiol　2009；169（11）：1370－7.
- Suwazono Y, Dochi M, Sakata K, Okubo Y, Oishi M, Tanaka K, Kobayashi E, Nogawa K. Shift work is a riskfactor for increased blood pressure in Japanese men：a 14-year historical cohort study. Hypertension　2008；52（3）：581－6.
- Morikawa Y, Sakurai M, Nakamura K, Nagasawa SY, Ishizaki M, Kido T, Naruse Y, Nakagawa H.Correlation between shift-work-related sleep problems and heavy drinking in Japanese male factory workers. Alcohol and Alcoholism　2013；48（2）：202－6.
- Kubo T, Ozasa K, Mikami K, Wakai K, Fujino Y, Watanabe Y, Miki T, Nakao M, Hayashi K, Suzuki K, MoriM, Washio M, Sakauchi F, Ito Y, Yoshimura T, Tamakoshi A. Prospective cohort study of the risk of prostate cancer among rotating-shift workers：findings from the Japan collaborative cohort study. Am J Epidemiol　2 006S；164（6）：549－55

Q63 夜勤・交代勤務者はメンタルヘルス性の疾患にかかりやすいといわれますが，その理由は何ですか？

解説

　夜勤・交代勤務者は，その勤務の特徴から睡眠不足や概日リズム変調に陥りやすいだけでなく，仕事への裁量度が低いことや，労働負担のきつさが加わることによってメンタルヘルス性の疾患にり患しやすいのです。たとえば，病棟看護師と訪問看護師を比べますと，訪問看護師の方が夜勤も少なく，裁量度が高くやりがいもあることから，メンタルヘルス性の疾患にかかりにくいといわれています。メンタルヘルス性の疾患の原因として，とりわけ睡眠は，大切な要素になります。図 42 に記したように，睡眠が十分とられている時は，精神や情動を司っている扁桃体の活動を内側前頭前皮質がうまくコントロールしていますが，断眠時にはそのコントロールが弱まり，扁桃体の異常な賦活が生じてメンタルに影響しやすいのです。断眠でなくとも，睡眠時間が短くなることは，睡眠圧が強い徐波睡眠が疲労回復のために優先して出るようになりますので，睡眠圧の弱いレム睡眠は少なくなってしまいます。レム睡眠はストレスの解消過程ですので，ストレスの解消不全を通してメンタルヘルス疾患にり患しやすいのです。

正常睡眠 　　　　　　　　　　　　　　　　断眠

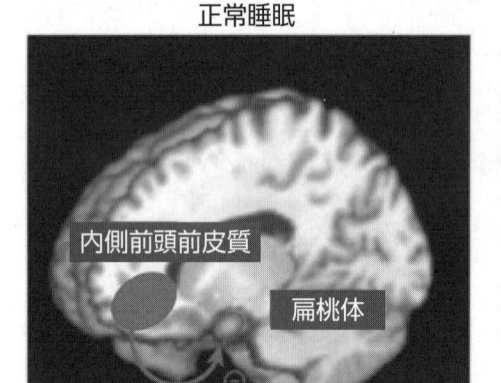
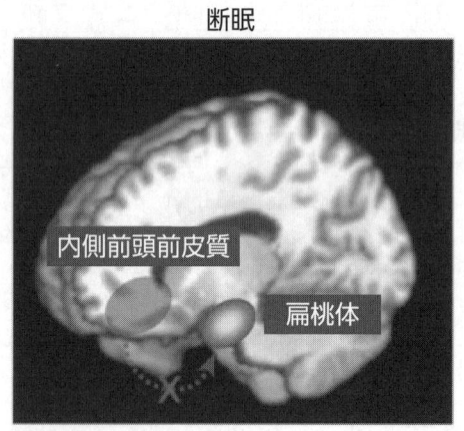

図 42　正常睡眠時と断眠時の内側前頭前皮質と扁桃体のコネクション（Yoo ら，2007 を改編）

【典拠】

・Fujino Y, Mizoue T, Izumi H, Kumashiro M, Hasegawa T,. Yoshimura T.Job stress and mental health among permanent night workers. J Occup Health　2001 ; 43 : 301－6.
・Yoo SS, Gujar N, Hu P, Jolesz FA, Walker MP. The human emotional brain without sleep--a prefrontal amygdala disconnect. Curr Biol　2007 ; 17(20): R877－8.
・Gujar N, McDonald SA, Nishida M, Walker MP. A role for REM sleep in recalibrating the sensitivity of the human brain to specific emotions. Cereb Cortex　2011 Jan ; 21(1): 115－23.

Q 64 夜勤・交代勤務における夜勤時間は短縮傾向にありますか？

解説

　ルーテンフランツ9原則の【原則4】では，「シフトの長さは労働負担によって決め，夜勤は他の勤務より短くすべきである」と記されていますが，最近の夜勤の労働時間は長時間化する傾向にあります。諸外国では8時間3交代であったものが12時間2交代になり，わが国の看護師の夜勤時間は16時間が多くなりました。パイロットにおいても，航空機材のハイテク化で長時間運航が可能になり，2004年にはシンガポール航空がエアバス340-500型機を用いてシンガポール－ロサンゼルス間の運航を始めています。これらの運航形態は，14時間から16時間の運航が長距離運航（LRO；Long Range Operation）と呼ばれていたのに対して，運航時間が16時間以上にわたることから，超長距離運航（ULRO；Ultra Long Range Operation）と呼ばれています。人間の覚醒度は，長時間耐えられるものではありません。夜勤に長時間労働をせざるをえない場合は，長時間の仮眠時間を付与し，夜勤後には十分な休息時間を付与させることが必須項目となります。航空業界では，2009年に国際定期航空操縦士協会連合会（International Federationof Air Line Pilots' Associations；IFALPA）が，16時間以上の超長距離運航の場合は，運航後には96時間（4日）を確保すべきであり，最初の48時間は疲労回復のために用い，休日とは考えていけないと記しています。一方，夜勤の労働時間を短縮したケースもあり，米国の研修医の労働時間は2003年に月80時間に短縮され，また現在のノルウェーの看護師の夜勤の労働時間は6時間ということです。

【典拠】
・Ferguson SA, Dawson D. 12-h or 8-h shifts? It depends. Sleep Med Rev　2012；16（6）：519－28.
・Costa G, Anelli MM, Castellini G, Fustinoni S, Neri L. Stress and sleep in nurses employed in "3 × 8" and"2 × 12" fast rotating shift schedules. Chronobiol Int　2014 12：－10.
・Flight safety foundation. The Singapore experience：task force studies scientific data to accsess fligts. Flight safety digest　2006；26：20－40.
・IFALPA Technical manual ANNEX 6. Operation of aircraft, Part I. (http://www.pilotosdelinea.org/Descargas_files/Annex%2006%20-%20Operation%20of%20Aircraft,%20Part%20I,%20May%202013.pdf，2015年5月13日参照）

夜勤・交代勤務者は，夜勤中にどこで仮眠をとっていますか？

解説

　1994 年に NASA が，夜間運航中にとる 40 分の仮眠はパフォーマンスを改善すると発表して以来，世界中で夜勤中に仮眠を導入する動きが出ています。わが国の夜勤・交代勤務者は，世界的に見ても夜勤中に仮眠をとる比率が高いことが知られていますので，当然，仮眠をとる場所も職種によってさまざまなことは想像がつきます。最も贅沢な仮眠は，最新のエアバス380 という大型航空機の仮眠室でしょう。この飛行機は，「空飛ぶホテル」と呼ばれるくらいですから，仮眠室も立派です。なんと，客室乗務員向けの仮眠室（クルーバンク）だけで, 12 室もあるそうです。また鉄鋼，石油など装置産業の夜勤では，きちんとした個室の仮眠室が設けられていることが知られています。一方で，スペースの狭いトラックでは，運転者は運転席の後の寝台で仮眠をとりますし，時には運転席でつっぷしてとる場合もあります。高速バスでは，車両最後部か床下にあるウナギの寝床のような場所で仮眠をとっています。医療関係者は,患者の急変によっていつ起こされるかわからないことから，きちんとしたベッドでなく，ソファやボンボンベッドで仮眠をとっている姿を見かけます。仮眠は仮の睡眠ではありますが，空調の整った個室，清潔な寝具を用意することが望ましいのです。仮眠の環境条件を整えれば，仮眠の 3 つの効果である安全，健康，生活に対する満足できる効果が望めることはまちがいありません。ただ米国では，研修医が夜勤で仮眠がとれるように，中堅の医師が業務を研修医に代わって担当するナイトフロート（night float）制を導入した病院がありますが，研修医はその仮眠時間を他の業務にあてて十分な仮眠時間を確保できなかったという報告があります。仮眠にとって重要なのは，環境ももちろんですが，労働負担の程度であることは間違いないのです。

【典拠】

・M.R.Rosekind, D.L.Miller, K.B.Gregory, D.F.Dinges : Crew factors in flight operations XII : a survey of sleep quantity and quality in on-board crew rest facilities. Moff ett Field, CA : NASA ; Report No. : NASA/TM-2000 - 20961（2000）.
・Rosa RR. Toward better sleep for workers : Impressions of some needs. Industrial Health 2005 ; 43 : 85 - 7.

Q66 ヨーロッパで夜勤を最初に行ったといわれる職業は何ですか？

解説

　産業医学の父であるラマッチーニ（1633 〜 1714）が著した『働く人々の病気』という本の中にこのような記述があります。「ふつうのパン屋は夜働き，したがってほかの人々が昼間の仕事で疲れ，消費したエネルギーの回復のため，眠っている間に，光をきらう動物のように，パン屋は夜中働き昼間眠ろうとしている。その生活の仕方は，地球の正反対側でまったく反対の生活をしている人が，同じ町にいるといってよい」とあります。パン屋さんは古くから，朝食用のパンを焼くために，昼夜逆転の生活をせざるをえない職業でした。わが国でも，夜勤を行うパン職員の血圧が高いことはよく知られています。図43は，夜勤を行っているパン職人の睡眠と労働時の血圧の変動です。上の実線は高い方の血圧である収縮期血圧，下の実線は低い方の血圧で拡張期血圧を示しています。図を見ると，本来，概日リズムの影響で血圧が低下する夜間でも，起きて働いている時には血圧は高くなっています。一方，そのような夜勤時に仮眠をとると，昼間睡眠をとった時よりも血圧が下がっている様子も見うけられます。また，夜勤時に血圧が高くなることは，そもそも夜間の低い血圧を，生体が働くために高い状態に保とうとするからです。このような異常な生体の努力は，循環器機能に負担をかけているといえます。事実，1975年には，明治パンオール夜勤心臓死事件のような，パン職人が心臓突然死することも生じました。

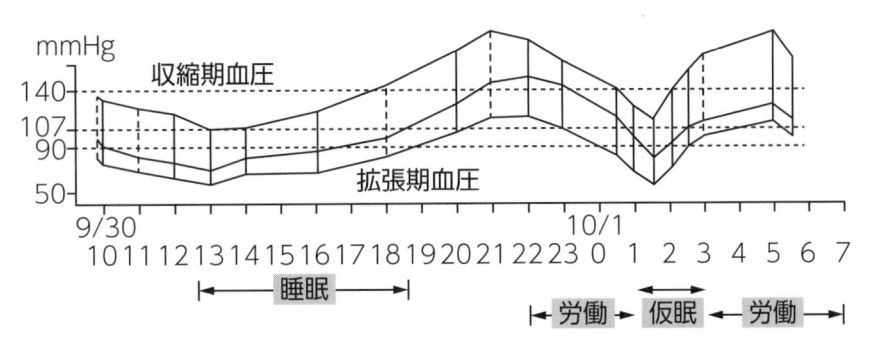

図43　夜勤を行っている男性パン職人の血圧（広瀬ら，1995を改編）

【典拠】
・ラマッチーニ B．松藤元訳．働く人の病気．北海道大学図書刊行会，1980：141.
・広瀬俊雄，大竹康彦，町田光子．あるパン製造工場の男子常夜勤労働者の血圧への影響．産業衛生学雑誌　1995；37：43−6.

Q67 在宅ワークでも深夜に仕事が及ぶことがあるのですか？

解説

　ITの進化によって2つの大きな労働態様の変化がありました。一つは，モビリティ（mobility）です。パソコンを使ってどこでも働けるようになりました。最近では電車の中でスマホを使ってプログラミングをしている若者も見かけるようになりました。もう一つがフレキシビリティ（flexibility）です。いつでも働けるようになりました。この2つの労働態様の変化は，これまで労働弱者といわれてきた，女性，高齢者，障がい者を雇用し，また都会と地方の垣根を取り払ったともいわれます。とくに女性は，自宅で仕事をする在宅ワークが増えました。在宅ワークは，比較的時間的な自由度があり，家庭で家事をしながら行える，まさに自宅版ワーク・ライフバランスを実現化したともいわれます。しかし，サラリーマンのようにウィークディとウィークエンドの区別がつかないため，仕事が夜間になることも十分考えられます。図44は未就学児を抱えて在宅ワークをしている人を対象にウィークディとウィークエンドの仕事時間の分布を示したものです。21時から23時頃に仕事をするワーカーが多い半面，平日も休日も朝食，昼食（12時），夕食（17〜20時）はきちんと確保していることがわかります。また平日は休日より深夜時刻帯の仕事の頻度が高い傾向があります。しかし，食事時間や休日といった社会的同調因子がきちんととられていることによって，生体リズムを日勤志向型に保てている様子がうかがえました。

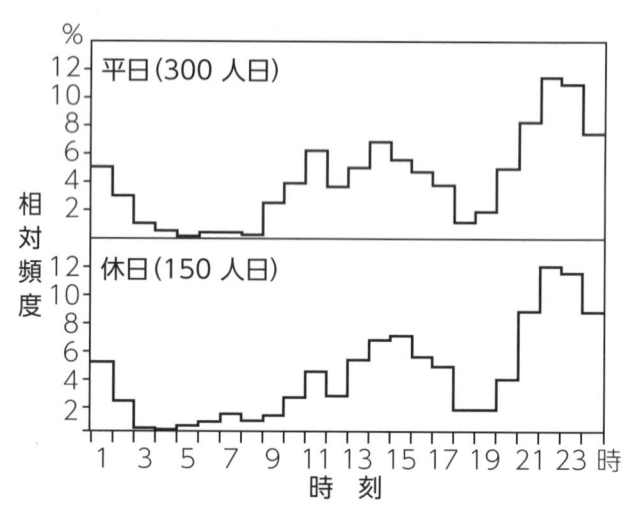

図44　平日および休日別在宅ワーカーの仕事時間の分布
（Sasaki と Matsumoto，2005）

【典拠】

・Sasaki T and Matsumoto S. Actual conditions of work, fatigue and sleep in non-employed, home-based female information technology workers with preschool children. Industrial Health　2005；43（1）:142–150.

Q68 夜勤・交代勤務を研究している学術団体はありますか？

解説

　国際産業保健学会（International Commission on Occupational Health ; ICOH）の中に夜勤・交代勤務科学委員会があり，その委員会が，1969年から国際夜勤・交代勤務シンポジウムを2年に1回開催していました。その委員会は，2001年から労働時間学会（Working Time Society）という組織に改編されましたが，シンポジウムは継続して行われています。この委員会の初代委員長はノルウェーのブルースガルド（Bruusgaard），2代目はドイツのルーテンフランツ(Rutenfranz)，3代目は日本の小木和孝，4代目はイギリス（フランス）のフォルカード(Folkard)，5代目はイタリアのコスタ（Costa）を経て，現在の6代目がブラジルのフィッシャー(Fischer)です。日本での開催は，1982年に第6回大会が京都で，2001年に第15回大会が葉山で開催されました。図5に示したのが第6回大会（左），第15回大会（右）の論文集です。このシンポジウムには，ルーテンフランツのシンポジウム開催のためにユニークな3つの決まりがあります（ルーテンフランツルール）。1つ目は，シンポジウムを人里離れた場所で開催すること，2つ目は，合宿形式で行い同じ釜の飯を食べて行うこと，3つ目は同じ時間に平行セッションを設けず議論に専念することです。

図45　日本で開催された第6回大会（左），第15回大会（右）の論文集

【典拠】
・労働時間学会
　http://www.workingtime.org/Membership2

夜勤に関する ILO 条約や勧告には，どんなものがありますか？

解説

　ILO は労働条件の改善を通じて，世界平和の確立に寄与することを目的として 1919 年につくられた政府，労働者，使用者の三者で構成される国際機関です。本部はスイスのジュネーブにあります。ILO 条約としては，夜業に関する条約の 171 号条約，勧告の 178 号勧告がありますが，日本は批准していません。ちなみに批准国は 2015 年現在，15 ヵ国未満です。主な項目として，夜業は，0 時から 5 時を含む 7 時間以上の連続する勤務（第 1 条），出産予定日 8 週前を含む産前産後には，少なくとも 16 週は夜勤を免除することができる（第 7 条）といったような事項が記されています。また 178 号勧告では，「一般規定」「労働時間及び休息の期間」「金銭的補償」「安全及び健康」「社会的便益」「その他の措置」の 6 分類，27 項目について書かれています。たとえば，「労働時間及び休息の期間」では，夜業は 8 時間を超えるべきでない，夜業は同一の日勤の労働時間より短くすべき，夜業労働者は日勤の労働者より週労働時間を短くし，夜勤者の有給休暇を増加させるべき，夜勤を含む前後に超過勤務を行うべきでない，2 連続夜勤は行われるべきでなく，2 つの勤務間には少なくとも 11 時間の休息期間が保証されるべき，夜勤中は 1 か 2 回以上の休憩が与えられるべきで，それは労働負担に基づくべきなどが記されています。ただ 11 時間の勤務間隔時間について，最近の夜勤・交代勤務研究ではクイック・リターン（quick return）という考え方によって，夜勤，早朝勤務に次いで問題が多いと指摘されています。また「安全および健康」では，有害物質，騒音，振動及び照明水準の要因並びに肉体的又は精神的に強い緊張を伴う勤務の編成の形態に特別の注意を払うべきことや，夜勤者を社会的に孤立にさせるべきでないと記されています。さらには，「社会的便益」では，公共交通機関の確保，防音設備の整った居住地の確保，夜勤中の飲食時間の確保，保育施設の確保など多岐にわたっています。

【典拠】
・ILO171 号条約
　http://www.ilo.org/tokyo/standards/list-of-conventions/WCMS_239008/lang--ja/index.htm
・ILO178 号勧告
　http://www.ilo.org/tokyo/standards/list-of-recommendations/WCMS_238818/lang--ja/index.htm

Q70　夜勤・交代勤務について知ることができる本は，どのようなものがありますか？

　海外の書籍では，ハーバード大学出身の研究者が夜勤・交代勤務のコンサルタント会社を設立して，積極的に現場と係わっており，書籍も出されています。まずは，コールマンの『午前3時に目がパッチリ』（大熊輝雄訳，日経サイエンス社，1988年）です。日本語のタイトルが目を引きます。原題は『Wide Awake at 3. A.M.』です。眠たい時刻帯に「パッチリ」しなくてはいけないという意味です。次は，ムーアイードの『大事故は夜明け前に起きる』（青木薫訳, 講談社, 1994年）です。原題は『The Twenty Four Hour Society』です。この本は，たくさん売れたのです。もし原題を直訳して『24時間社会』だったら，この本はきっと売れなかったと思います。日本では斉藤一監修『交替勤務』（労働科学研究所，1979年）や，酒井一博・植村秀子編著『ナース・ステーション午前3時』（あゆみ出版，1985年），日本労働組合総連合・時短センター編著「交替・変則勤務の労働時間短縮（労働教育センター，1992年），佐々木司『ルールがわかれば変わる看護師の交代勤務』（看護の科学社，2011年），公益財団法人日本看護協会編『看護職の夜勤・交代制勤務に関するガイドライン（資料付き）』（東京；メヂカルフレンド社，2013年）などがあります。

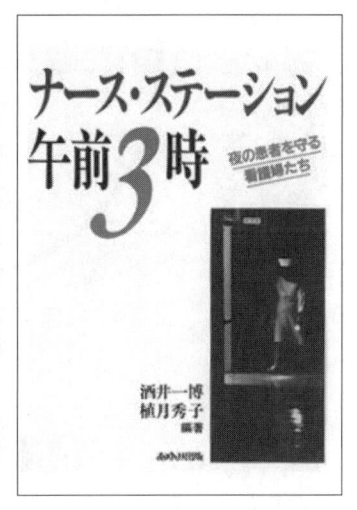

図46　夜勤・交代勤務の良書

Q71 夜勤中に起こった大惨事はありますか？

　夜勤中は概日リズムによって眠気が増大する時刻帯ですので，これまでも世界的な規模の大惨事が起こっています。図 47 に示した 4 つの大事故がすべてそうです。エクソンヴァルディーズ号の座礁（1989 年）は，水鳥が油まみれになっていた映像が印象に残っているかと思います。インドボパールの化学工場の爆発（1984 年），チェルノブイリの原発事故（1986 年），スリーマイル島の原発事故（1973 年）もそうです。スペースシャトルチャレンジャー号の爆発事故（1986 年）も，夜勤をしていた整備員が O リングの疲弊を見つけることができなかったことが原因ともいわれています。わが国でも，2012 年に起きた関越自動車道高速ツアーバス事故（4 時 40 分ごろ）や，その 2 年後に起きた宮城交通の北陸自動車道夜行高速バス事故（5 時 10 分ごろ）も夜間・早朝時刻帯に生じています。これらは，夜間時刻帯の道路の交通量が昼間の交通量よりも少ないにもかかわらず多いこと，単独の時刻が多いことからもわかります。同様な事故は，昼間の 14 時〜 16 時にも多発することが知られています。これらはすべて，生体リズム上，眠気が生じやすい時刻ということです。

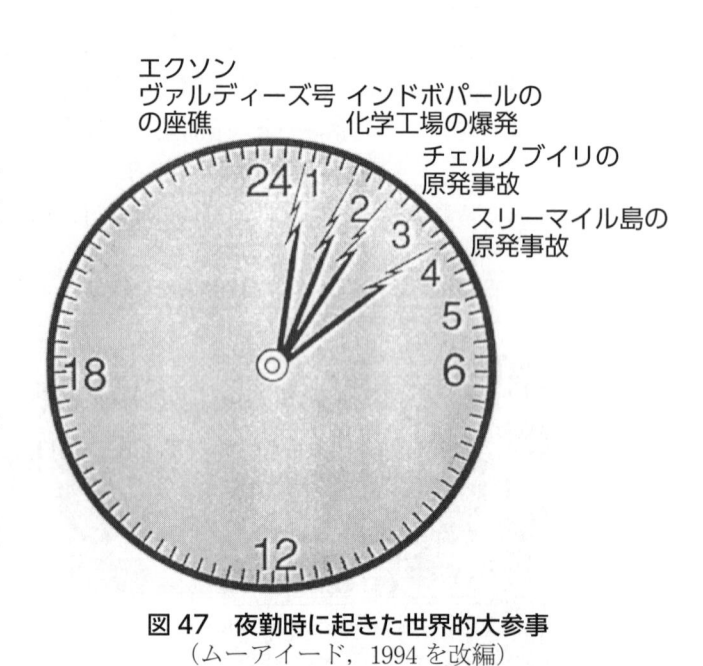

図 47　夜勤時に起きた世界的大惨事
（ムーアイード，1994 を改編）

【典拠】

・マーチン・ムーアイード．青木薫訳．大事故は夜明け前に起きる．講談社，1994.

・Garbarino S, Nobili L, Beelke M, De Carli F, Ferrillo F. The contributing role of sleepiness in highway vehicle accidents. Sleep　2001 ; 2(2): 203 - 6.

夜勤・交代勤務のリスクとその特徴は何ですか？

解説

夜勤・交代勤務のリスクは表 12 に示したように大きく 3 つあります。リスクとは何でしょうか？　厚生労働省の HP では，リスクはハザードと一緒に捉える概念だと記しています。そこにはライオンのイラストがハザードとして描かれていて，それに人間が近づくとリスクと示されています。つまり，夜勤・交代勤務でいえば，夜勤・交代勤務そのものがハザードで，夜勤・交代勤務に就くことがリスクになります。夜勤・交代勤務のリスクは，安全性，健康性，生活性です。これらは社会的価値ともいわれます。本来ならば，これらの価値は個人的な価値なわけです。しかしながら，たとえば安全性であれば，個人（労働者）の安全性の低下は，人間の生命を左右する医療機関，交通機関，巨大装置産業などの社会システム上の崩壊に密接に関連しますし，個人の健康が損なわれると，社会的には医療費の高騰を招くといったように，現代社会においては，個人と社会が直接的に結びついているからです。実は，この安全性や健康性は容易に認識できない性質があります。安全は事故にならないとわからないですし，健康は病気にならないとわからない負の概念だからです。これらの価値は，緊急性や実感性という軸で考えますと，安全性は社会的に最初に要求されますので，緊急性が高いのです。一方，生活性については，少しでも生活が改善されるとすぐわかるポジティブな概念ですから実感性として高いわけです。したがって，健康性がないがしろにされやすい特徴があります。

表 12　夜勤・交代勤務者が抱えるリスク

	緊急性	実感性	継続性
1. 安全性	○	△	△
2. 健康性	△	△	△
3. 生活性	△	○	△

【典拠】
・厚生労働省　自動車整備業におけるアセスメント　7. リスクとは
　http://www.mhlw.go.jp/bunya/roudoukijun/anzeneisei14/dl/091001-07.pdf
・佐々木司. 労働者の睡眠から見た産業疲労管理の新戦略. 労働科学研究所ワークサイエンスリポート　1999 ; No.1557-1558.

Q73 夜勤対策としては，どのような対策があります
か？

夜勤対策というと，思い浮かぶのは夜勤人員の増員とか，組数を多く
するとか，夜勤制度を変えることですが，それは夜勤対策のほんの一部
です。大きく，夜勤対策とは，表13に記したシステム（System），ワー
ク（Work），ジョブ（Job）の3つがあります。実は，システム対策は，
対策が成功すれば効果が大きいのですが，失敗すれば，これまた痛手も
大きいのです。一度システムを変えてしまうと，元に戻すことは容易で
はありません。そこで，システムを変える前にやっておくべき対策が，
ワーク対策とジョブ対策なのです。ワーク対策とは，一言でいえば，労
働負担対策の意味で，それは「やらなければならないことを改善する」
対策といえます。たとえばワークステーションの椅子がパイプ椅子だっ
たら適正な5脚の椅子にするとか，グレアがあれば照明の位置を変える
といったような，労働負担対策です。またジョブ対策というのは，やる
べきことと，やらざるべきことを区別する対策です。ワーク対策やジョ
ブ対策を行わないと，シフト時間内に業務が終了せず，その残業を，次
のシフトに引き継ぐことになりますので，組織全体としてもマイナス効
果が生じてしまいます。またそれぞれの対策でも計画的に，短期，中期，
長期的な視点を持つことが大切です。システム対策においても，短期的
には，まず生体リズムを適正化するために夜勤の回数を減らすことから
始め，中期的には，日勤者が5日働いて2日休む生活リズムがあること
から，週を念頭にいれて休日を適正化することを目標にするのがよいで
しょう。長期的には，夜勤・交代勤務者として働き続けるために，たと
えば一時的に夜勤・交代勤務から日勤へと勤務の変更をするなどの対策
が有効です。その時，短期→中期→長期のような段階を経るよりは，ま
ず長期的な対策を念頭において，短期→中期と割り振っていくことが有
効でしょう。

表13　夜勤の3つの対策

① System（勤務制度・夜勤人員）
② Work（やらなければならないことを改善する）
③ Job（やることやらないことを決める）

Q74 夜勤・交代勤務職場に女性が進出していますか？

解説

　1985年に制定された男女雇用機会均等法を経て，1999年には女性の深夜業就業規制が撤廃されて夜勤職場に女性が進出しています。ただし均等則第13条「雇用の分野における男女の均等な機会及び待遇等に関する法則施行規則（深夜業に従事する女性労働者に対する措置）」では，女性労働者を夜勤に就かせる場合では，当面の間，安全上の措置を行うことが明記されています。具体的には，（1）通勤および業務の遂行の際における安全の確保，（2）子の養育又は家族の介護の事情に関する配慮，（3）仮眠室，休憩室等の整備，（4）健康診断等です。女子保護規定の撤廃により，多くの夜勤職場では，男性の中に女性が入る形になりました。一方，看護師や客室乗務員については女性の中に男性が入る結果になりました。これまで男性看護師は，精神科など力仕事が必要な診療科で求められてきました。しかし最近では他の診療科においても看護師長が男性であることも珍しくなくなりました。統計で見ても，男性看護師は，2004年には約3万人でしたが，2012年には6万人と2倍にも増えています。ただ施設の整備は，なかなか進んでいない傾向があり，上述の均等則第13条の（3）では，仮眠室，休憩室の整備が謳われています。たとえば，夜勤の時に男女の看護師や介護士が一緒に業務に就いた場合，同室で仮眠をとることは，法令違反になります。法令上は，仮眠ができる場所を男女別に用意することを命じていますが，男女別の仮眠室の設置を求めているわけではないのです。そこで，病院では病院内にスペースが十分にとれないことから，仮眠室に2段ベッドを入れて，上段は男性，下段は女性と分けて仮眠を別々の時刻にとらせている病院もあるくらいです。なお，1987年にルーテンフランツらは『Nachtarbeit für Frauen（女性の夜勤）』という本を出版しています。女性保護の立場から女性の夜勤の禁止を著したものです。

【典拠】
・厚生労働省．男女雇用機会均等法のあらまし
　http://www.mhlw.go.jp/general/seido/koyou/danjokintou/danjyokoyou.html
・（5）保健師，看護師，准看護師（男性，年次別・就業場所別）．日本看護協会出版会編．
　平成25年看護関係統計資料集
　https://www.nurse.or.jp/home/publication/toukei/pdf/toukei05.pdf
・Rutenfranz J, Beermann B, Löwenthal I. Nachtarbeit für Frauen : Überlegungen aus chronophysiologischer und arbeitsmedizinischer Sicht. Stuttgart. Gentner, 1987.

Q75

夜勤手当はどのくらい貰えるのですか？

解説

　夜勤を行う理由の一つに割増賃金による金銭的なインセンティブがあると思います。労働基準法では，第37条４項で深夜勤務（午後10時から午前５時，厚生労働大臣が必要であると認める場合は，午後11時から午前６時）の際は，通常の労働時間の賃金の２割５分以上の率で計算しなければならないと記されています。ちなみに「厚生労働大臣が必要であると認める場合は，午後11時から午前６時」とありますが，これは第二次世界大戦後の一時期（1948年～1951年）にサマータイム（daylight saving time；DST）が導入された時の名残です。サマータイムは，全世界の３分の１の国で行われており，わが国でもたびたび導入の議論が起こっていますが，とりわけ概日リズムを位相前進（phase advanced）させるわけですので，眠気や疲労が生じることが心配されます。さて，時間外労働時間が深夜に及んだ場合は，時間外賃金の５割以上の割増賃金で計算されます（労働基準法施行規則第20条）。この５割以上の根拠は，２割５分以上の割増賃金と深夜勤務の割増賃金の２割５分以上を加えたものです。ただし2010年４月から１ヵ月60時間以上の時間外労働時間については中小企業を除いて５割以上増しになりました（2008年改訂労働基準法法律第89号第37条第１項）。ですから，１ヵ月60時間以上の時間外労働時間を深夜時刻帯に行った場合は，通常の賃金の５割以上増しと２割５分以上増しを加えますから，７割５分以上増しになります。同様に，休日に深夜勤務を行った場合も，休日の割増賃金は３割５分以上増しですから３割５分以上＋２割５分以上で６割以上増しになります（労働基準法施行規則第20条第２項）。一方，夜勤でなく宿直の場合は，１日の平均賃金額の３分の１を支払えばよいことになっています。このように労働基準法では，深夜勤務の割増賃金について，「２割５分以上」と記されているのですが，だいたいは最低比率である「２割５分」で支払われているのが多いのが現状ではないでしょうか。その中でも労働対象が人間であるサービス労働，たとえば看護や介護のような医療労働では，労働負担の強さや人手不足によって，２割５分以上の割増賃金が支払われていることが多いようです。しかしながら，それらの職種では，夜勤手当が大きな収入源になっています。しかし，夜勤手当に依拠することは安全や健康上決して好ましいことではありません。

Q 76 眠気に関係するスイッチが9つあるといわれます。それはどのような要因ですか？

解説

　アメリカの夜勤・交代勤務コンサルタントのマーチン・ムーアイード
は，著書『大事故は夜明け前に起こる』で9つの眠気に及ぼす要因を指
摘しています。図47のスイッチが左側にあれば眠気が高く，右側にあ
れば眠気が低いことを示しています。そのうち眠気が高く生じるのは，
概日リズムの底点の時刻，高い外気温，心地よい香りです。一方，眠気
が抑えられるのが，危機感や興味，筋肉活動，強い外光，騒音です。ま
たどちらにもなりえるのが，栄養や薬物の摂取と記しています。概日リ
ズムの底点は，一般に起床時刻の2時間前にあるといわれますから，日
勤時に7時起床する夜勤・交代勤務者の場合，5時にあることになりま
す。したがって，夜勤時には概日リズム上，5時付近の眠気が最も強く
なります。薬物については，最近，花粉症の薬で抗ヒスタミン剤を服用
される方も多いと思います。眠気が少ない第2世代の抗ヒスタミン剤で
も，生体リズム上，眠気が生じる時刻帯は，眠気を感じやすいので気を
つける必要があります。

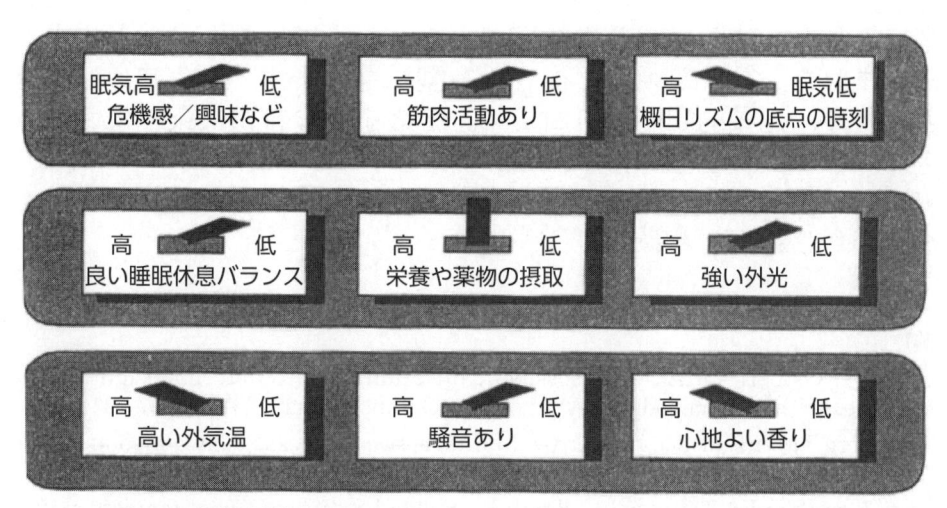

図48　眠気が生じる9つのスイッチ（ムーアイード，1994を改編）

【典拠】

・マーチン・ムーアイード著．青木薫訳．大事故は夜明け前に起こる．講談社，1994.
・佐々木司．南正康，尾之上さくら，山野優子，北島洋樹，松元俊，吉川徹．第二世代抗ヒ
　スタミン薬が昼間の自動車シミュレータ運転時の眠気に及ぼす影響．労働科学　2012；88
　（4）：143 - 7.

全世界を見渡すと，夜勤をしている人は夜型の人が多いですが，夜型の人は動物に例えれば何になりますか？

解説

　一般的に朝に強い人を朝型といい，夜に強い人を夜型といったりします。夜勤は，本来寝ている時刻に働くことになりますから，朝型よりも夜型の方が，相対的に夜勤に耐えることができます。朝型は別名，ヒバリ型（Lark），夜型はフクロウ型（Owl），残りはネコ型（Cat）といったりします。自分が朝型か夜型かを知るテストとして，さまざまな朝型－夜型テストがあり，それによって自分がどんな型なのかわかります。世界中で最も多く使われている朝型－夜型テストは，1976年にイギリスのホーン博士らが作成したテストです。このテスト，最後の質問に，「あなたは朝型と思いますか，夜型と思いますか？」というトリッキーな質問もあるというユニークなものです。また朝型－夜型テストをしなくても，ある程度，朝型か夜型かを判別する方法があります。まず相手に，学生時代を思い出してもらいます。年配の人ですと，なかなか思い出せないでしょうけど，なんとか思い出してもらってください。次に，こう言います。「翌日に何もすることがありません。そんな日があります。そのような時に，あなたは，いつもの通り，早く起きてしまう人でしたか？　それとも，お昼ごろまで寝ていられる人でしたか？」と。もう答えは出ました。前者が朝型，後者が夜型になります。学生時代は，社会人と違って，比較的時間が自由です。そのような自由な条件におかれたときに，どのような睡眠－覚醒パターンを示すかが，このポイントです。今では，学生も忙しいですから，きちんとテストしないと正確な答えはでないかもしれませんね。

【典拠】

・Horne JA, Östberg O. A self-assessment questionnaire to determine morningness-eveningness in human circadian rhythms. Int J Chronobiol　1976 ; 4 (2): 97 – 110.
・Roenneberg T, Wirz-Justice A, Merrow M. Life between clocks : daily temporal　patterns of human chronotypes. J Biol Rhythms　2003 ; 18(1): 80 – 90.
・Barton J, Spelten E , Totterdell P. Smith L , Folkard S, Costa G.The stantdard shiftwork index : a battery of questionnaires for assessing shiftwork-related problems. Work & Stress　1995 ; 9 : 4 – 30.

Q78 夜勤と時差ぼけは同じ症状が出て，そのメカニズムは同じだといわれます。では時差ぼけが最もひどいのは，飛行機でどちらの方向に移動した場合ですか？

解説

　時差ぼけは１日の中で２時間以上の時間差があったときに生じます。人間の概日リズムは24時間より長いですから，時差ぼけについても時刻を遅らせる方が，時刻を早めるよりよいのです。具体的には，時刻を遅らせる西向き飛行（たとえば東京→パリ）の方が，時刻を早める東向き飛行（たとえば東京→ニューヨーク）よりも時差ぼけの解消が早いです。一般に西向き飛行の時差ぼけは，１日２時間の割合で解消できますが，東行き飛行では1.5時間しか戻りません。これは交代方向の逆循環と同じ理屈です。また時差の年齢に対する影響を調べるために，入眠開始時刻を６時間早めた東向き飛行を実験的に模擬した研究が図48です。

その結果は，若年より熟年の方が，寝つく時間が長くなることを示しています。夜勤も時差ぼけも年齢を経るにつれつらくなってくるのです。ですから米国の航空業界では，夜勤に弱いベテランパイロットは，自分の好きな勤務スケジュールを優先して選ぶことができる「セニョリティ制度（先任権制度）」があり，一つの対策になっています。

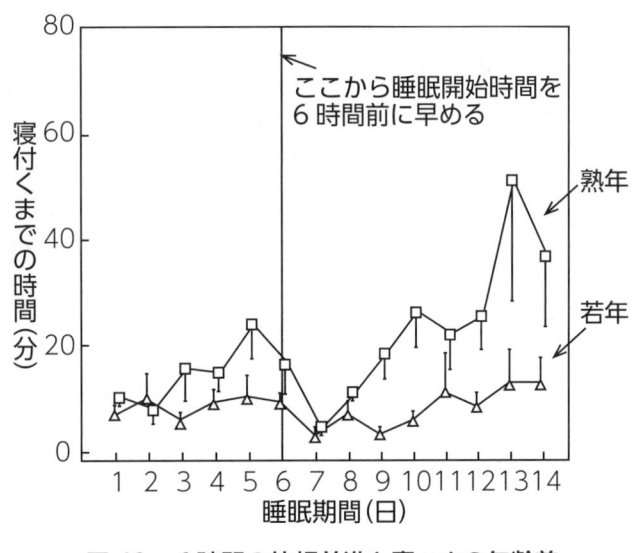

図49　６時間の位相前進と寝つきの年齢差
（Moline ら，1992 を改編）

【典拠】

・Ariznavarreta C, Cardinali DP, Villanúa MA, Granados B, Martín M, Chiesa JJ, Golombek DA, Tresguerres JA. Circadian rhythms in airline pilots submitted to long-haul transmeridian flights. Aviat Space Environ Med　2002 ; 73(5): 445 – 55.

・Moline ML, Pollak CP, Monk TH, Lester LS, Wagner DR, Zendell SM, Graeber RC, Salter CA, Hirsch E. Agerelated differences in recovery from simulated jet lag. Sleep 1992 ; 15(1): 28 – 40.

Q79 労研饅頭とは何ですか？

　「ろうけんまんとう」と読みます。労研饅頭とは，労働科学研究所初代所長の暉峻義等（てるおかぎとう）が，満州の苦力の主食にヒントを得て，当時（昭和初期）12時間2交代制で夜勤をしていた紡績工場の女工の主食代用品としてつくらせた饅頭のことです。それも日本人の口に合うように，満州から料理人の林宝樹という青年を日本に呼び寄せてつくらせました。労研饅頭の主原料は，小麦粉で，その生地を酵母で発酵させ，蒸し上げてつくっています。値段は，当時のコメやうどん，食パンなどと比べても安価で，また栄養価も高いものでした。しかし工場労働者からは，軽くて腹の支えにならないといわれ，また女工にとっては，手を汚さず，素早く栄養を補給できる食品と見込まれましたが，高価で手が届かなかったともいわれています。むしろサラリーマンや夜学の学生に食されたようです。暉峻義等は，労研饅頭を商標登録し，競合を避けるために一都市一人に伝授，認可して市販されました。図49はその当時のパンフレットです。現在でも，松山市の株式会社たけうち（労研饅頭）や岡山県備前市のベーカリーのミシェール・ニブ（倉敷労饅）で，この素朴で懐かしい味を手に入れることができます。

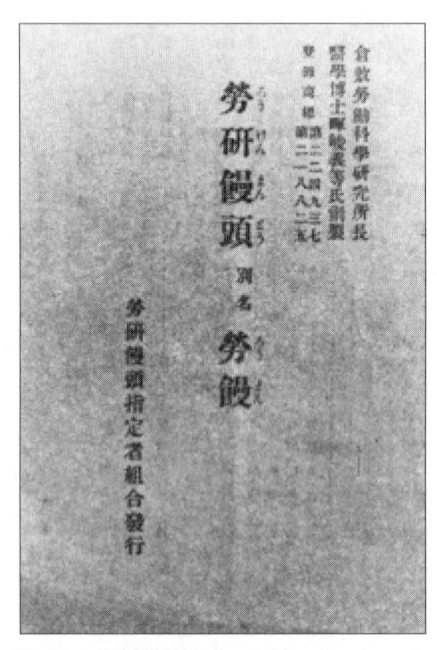

図49　労研饅頭パンフレット（1936）

【典拠】
・労働科学研究所60年史話．労働科学研究所．菜根出版，1981：65 - 68.
・ミシェール・ニブ
　http://www.nibu-bakery.co.j p/cgi-bin/nibu/siteup.cgi?category=1&page=0
・株式会社たけうち http://home.e-catv.ne.jp/takeuchi/

Q80 仮眠とは通常の睡眠の何％以下の睡眠をいいますか？

解説

　睡眠とは字のつくりから考えますと，立って寝るという意味の「睡」と，横になって寝るという意味の「眠」から構成されているといわれます。警察用語に「仮睡盗」という言葉があります。これは，年末などに電車に座って寝ている酔っ払いの客から，財布を盗む泥棒のことです。椅子に座っていて，椅子に横になって寝ているわけでないので，仮睡盗なわけです。仮眠は，科学的には通常の睡眠の50％以下の睡眠と定義されます。8時間睡眠の人は，4時間が仮眠になります。夜勤・交代勤務で4時間の仮眠がとれるのは，警備員でしょう。以前，警備員の仮眠が労働時間か否かということで，法廷で争われた経緯があります。その最高裁判決によると，仮眠時間は労働時間とのことです。したがって，何か異常があれば，仮眠中でも起きて事態に対応せざるをえません。以前は，世界的にも夜勤中に仮眠をとる国は，めずらしかったのです。しかし，1994年に米国のNASAが40分の仮眠はパイロットのパフォーマンスを著しく回復したという報告を出し，世界中に仮眠が広まりました。わが国では，昔から，夜勤中に仮眠をとることが普通でした。図50でもさまざまな職種で仮眠がとられていることがわかります。その理由は，日本人の働き方は長時間ダラダラ働くので，仮眠をとらないと体がもたないからなのです。一方，職場で仮眠をとるくらいなら早く自宅に帰りたいというのが外国人だといえるでしょう。

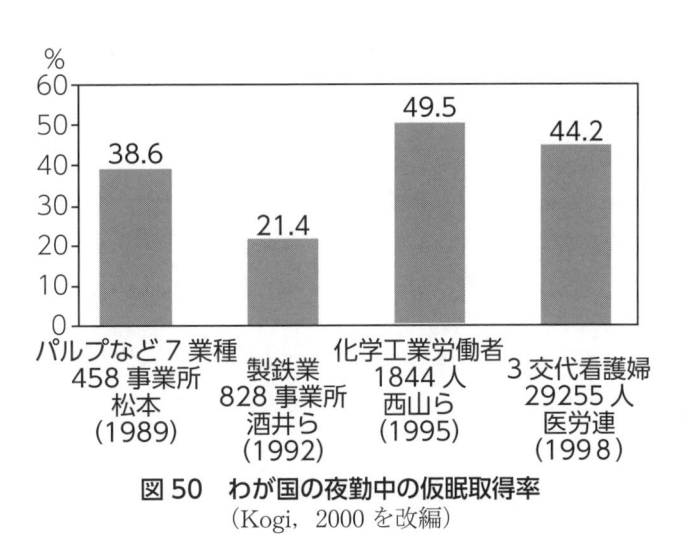

図50　わが国の夜勤中の仮眠取得率
（Kogi，2000を改編）

【典拠】

・Dinges DF, Orne MT, Whitehouse WG, Orne EC. Temporal placement of a nap for alertness : contributions of circadian phase and prior wakefulness. Sleep　1987 ; 10(4): 313－29.

・Kogi K. Healthy shiftwork, healthy shiftworks. J Hum Ergol　2001 ; 30(1－2): 3－8.

Shift Work Challenge

Ⅱ章 シフトワーク・チャレンジ　想定問題

シフトワーク・チャレンジで出題されるだろう例題集です。より詳しい回答は，太字で記され，関連ある回答は細字で記されています。実際のシフトワーク・チャレンジの回答は4択で行われますが，問題の背景から学ぶことで学習効果があがるように工夫されています。

1 夜勤・交代勤務の人間工学的な勤務編成

1 ルーテンフランツ9原則では，夜勤は何連続まで許容できるとして いますか？
  → Q7，Q10，Q14，**Q15**，Q16，Q22，Q24，Q69

2 時計まわりで夜勤・交代勤務のシフトが交代していくことを何とい いますか？
  → Q5，Q10，Q11，**Q12**，Q32

3 日勤，夕勤，夜勤，休日を，2日－2日－3日で回していくヨーロッ パ型の交代編成を何といっていますか？
  → **Q7**

4 ヨーロッパではコンチネンタル型という交代勤務があります。その シフトの利点は何ですか？
  → **Q7**

5 日本の労働基準法では「夜勤」といった場合，何時から何時ですか？
  → **Q1**，Q69，Q75

6 交代勤務では，交代勤務間の一部の勤務間隔時間を短くして，一部 の勤務間隔時間を長くする方式があります。それを何といいます か？
  → Q4，**Q5**

7 通常，交代勤務のシフトは順番通りに回っていくので，1年後でも 自分のシフトがわかるものですが，医療現場などは，1ヵ月ごとに しかシフトを決めていません。では，そのような交代勤務編成を何 といいますか？
  → Q1，**Q6**

8 1982年に夜勤・交代勤務に関する原則が発表されました。その原 則は何と呼ばれますか？
  → Q6，**Q10**，Q12，Q13，Q15，Q64

9 交代勤務では，交代勤務間の一部の勤務間隔時間を短くして，一部の勤務間隔時間を長くする方式を圧縮勤務といいますが，その利点は何ですか？

→ Q4，**Q5**

10 1ヵ月ごとにしかシフトを決めない交代勤務編成を交番表勤務といいますが，この勤務の最大の問題は何ですか？

→ Q1，**Q6**

11 2交代勤務といった場合，外国ではどんな勤務を指しますか？

→ **Q3**

12 夜勤・交代勤務の中で，通常，交番表勤務を行っている職種は何ですか？

→ **Q6**

13 早朝勤務が問題になる場合，最も大きい原因は何ですか？

→ Q10，**Q13**，Q53

14 反時計まわりで夜勤・交代勤務のシフトが交代していくことを何といいますか？

→ Q5，**Q11**，Q78

15 看護師の夜勤・交代勤務が交番表勤務になっている理由で何ですか？

→ **Q6**

16 夜勤・交代勤務で各シフトの交代時間を重ねて組むことがあります。それを何といいますか？

→ **Q1**

17 夜勤と同じように心身に問題があるシフトとしてルーテンフランツ9原則でも言及されているシフトは何ですか？

→ Q10，**Q13**，Q53

18 週番型の交代勤務編成といった場合はどんな交代勤務ですか？

→ Q1，**Q19**

19 4つの班で3つの時刻帯をカバーする勤務は何といいますか？
→ **Q2**，Q4，Q19，Q29

20 夜勤をシフト編成に組み込まないで，非常時だけに対処する勤務を何といいますか？
→ **Q8**

21 夜勤・交代勤務者には十分な勤務間隔時間が必要ですが，その理由は何ですか？
→ Q4，Q5，Q9，Q10，Q12，**Q14**，Q17，Q31，Q69

22 連続夜勤を行うと夜勤4日目ごろに夜勤に生体リズムが適応したように見えることがありますが，それを何といいますか？
→ **Q18**

23 スウェーデンで行われている柔軟な夜勤・交代勤務編成を何といいますか？
→ **Q9**

2　産業別の夜勤・交代勤務

1　郵便局で行われている 10 時間拘束の連続夜勤を何といいますか？
→ **Q22**

2　夜勤に従事している労働者を一定の期間，日勤に従事させて生体リズムを日勤指向型にする方式は何といわれていますか？
→ **Q21**

3　客室乗務員の乗客に対する人員配置は，客室乗務員 1 人に対して乗客は何人ですか？
→ **Q18**

4　運航乗務員で機長と副操縦士の 2 名編成をシングル編成といいますが，機長 2 人，副操縦士 1 名の 3 名編成を何といいますか？
→ **Q18**

5　わが国の看護師の患者に対する人員配置は，現在のところ最高比率で看護師 1 人に対して患者は何人ですか？
→ **Q18**

6　鉄鋼などの産業で夜勤・交代勤務を行うのはなぜですか？
→ **Q58**

7　路線用バス運転者の連続運転時間は，わが国では何時間以内が推奨されていますか？
→ **Q28**

8　米国では 2003 年に研修医の月労働時間を制限しました。何時間にしましたか？
→ **Q31**

9　わが国の医師は，当直を行った後の翌日のシフトは何になることが多いですか？
→ **Q30**

10 タクシー運転手の交代勤務は，２台のタクシーを３人の乗務員が１日ごとに交代して運転することが多いですが、それを何といいますか？

→ **Q18**

11 医師は通常，当直制であり，交代勤務制ではありません。しかしあまりにも労働負担が強いために交代制をとる診療科も出てきました。その代表的な診療科はどこですか？

→ **Q30**

12 夜勤に従事している労働者を一定の期間，日勤に従事させて生体リズムを日勤指向型にする方式は日勤別置と呼ばれることが多いですが，その方法をとっているのはどんな職種ですか？

→ **Q21**

13 いわゆるオフショア（off-shore）で行われる夜勤・交代勤務があります。それは社会も昼夜逆転しているため，概日リズムの適応が容易であるといわれています。それに従事している人はどんな職業ですか？

→ **Q24**

14 航空業界では夜間の概日リズム上，眠気が生じる２時〜５時59分までを特別な用語で呼びます。何といっていますか？

→ **Q51**

15 船舶では航海士が夜勤を行っていますが，彼らの勤務は何と呼ばれていますか？

→ Q8，**Q33**，Q53

16 ２交代制で夕勤と夜勤を連続して16時間夜勤を行っている職種は何ですか？

→ Q3，Q4，**Q5**，**Q32**，Q64

17 夜間労働には宿直制と夜勤があります。これらの違いは何ですか？

→ **Q30**

18 1999年から行われた「労使による深夜業に関する自主的ガイドライン作成事業」では，ガイドラインが作成されましたが何の職種ですか？
　→ Q20, **Q61**

19 W泊勤務とはどのような業種でとられていますか？
　→ **Q26**

20 客室乗務員が仮眠をとっている施設を何といいますか？
　→ **Q65**

21 米国の研修医に夜勤中に仮眠をとらせる方法として，中堅の医師が業務を担当する制度は何といいますか？
　→ **Q65**

22 製造業でもっとも多く採用されている夜勤・交代勤務制度は何ですか？
　→ **Q19**

23 小売業で「深夜業に関する自主的ガイドライン」を作成しているのはどの業態ですか？
　→ **Q20**

24 消防職員の多くが従事している勤務の拘束時間は何時間ですか？
　→ **Q23**

25 貨物鉄道の運転士の休憩時間はどのような形で決められているでしょうか？
　→ **Q26**

26 トラックの一運行（出発地に戻ってくるまで）は法律上どのくらいの長さまで認められていますか？
　→ **Q27**

27 航空管制官の夜勤・交代勤務編成で、早番、遅番、夜勤の多くが重なって配置されている理由は何ですか？
　→ **Q32**

3 夜勤・交代勤務の生理学・心理学

1 夜勤・交代勤務者は日勤者に比べてホルモンのメラトニンの分泌量が少ないですが，メラトニンが少ないと夜勤・交代勤務者にはどんな不都合が生じますか？
   → Q54 , **Q55**, Q56

2 夜勤中に眠気が生じにくい人と生じやすい人では，ある時計遺伝子が関係していますが，その遺伝子は何ですか？
   → **Q57**

3 女性の夜勤者に乳がんが多いですが，男性の夜勤者で最も多いがんは何ですか？
   → Q55, **Q56**, Q62

4 夜勤者は日勤者と比べて夜間に光を浴びざるをえないため，抗腫瘍・抗酸化作用のあるメラトニン分泌量が少ないですが，最もメラトニンを抑制するのは何色の光ですか？
   → **Q54**, Q55

5 夜勤中に高い照度の光を浴びると，もともと5時付近にある最も低い体温の値はどうなりますか？
   → **Q39**

6 夜勤中の仮眠時間として眠気や疲労を回復するために適切な時間は何分ですか？
   → Q40, **Q42**, Q43, Q52, Q80

7 夜勤中に目覚めているか眠くなっているかは「覚醒の三過程モデル」で説明できるといいます。この三過程モデルの3因子は何ですか？
   → **Q49**

8 夜勤者には，眠ろう思っても眠れない時刻があります。それを何といいますか？
   → **Q46**

9 仮眠とは通常の睡眠の何%以下の睡眠をいいますか？
　→ Q42，**Q80**

10 ルミネーションとは何ですか？
　→ **Q48**

11 夜勤は非常に眠くなり安全上注意が必要です。たとえば，夜勤の状態を飲酒状態と比べた研究があります。それによると夜勤時の血中アルコール濃度は何%相当といわれていますか？
　→ Q16，**Q51**

12 夜勤中に仮眠をとると，仮眠から起きた時に，ぼぉっとした感じが生じますが，これを何といいますか？
　→ Q42，**Q49**

13 夜勤中に仮眠をとると，体温に代表される概日リズムが日中に高くなって，夜間に低くなるような日勤指向型になりますが，その効果を何といいますか？
　→ **Q40**

14 夜勤に慣れた概日リズムを維持して，昼間に長く眠るようにするには夜勤後にどのようなことをすればよいですか？
　→ **Q39**，Q44，Q45

15 夜勤者が夜勤の前に眠ろうとすると眠れないことがあります。これは生理的に眠れない時刻帯に眠ろうとしていることに原因がありますが，その時刻はだいたい何時ですか？
　→ **Q46**

16 夜勤後の昼間の睡眠は，いつとるのが好ましいでしょうか？
　→ Q39，**Q44**，Q45

17 夜勤後には，生体リズムによって眠たくなる時刻帯があります。だいたい何時ごろですか？
　→ Q34，**Q44**

18　夜勤後の昼間に睡眠をとろうと思っても眠れない原因を一つ挙げてください。
　　→ Q39，Q44，**Q45**，Q47

19　夜勤後の昼間の睡眠は，普段の夜間睡眠よりどれだけ短くなるといわれていますか？
　　→ **Q45**

20　抗腫瘍・抗酸化作用のあるメラトニンを最も抑制する光は，青色光ですが，その波長は何ナノメートルですか？
　　→ **Q54**，Q55

21　1日のうちで生体リズム上，眠くなる時刻帯はいくつありますか？
　　→ **Q34**

22　生体リズム，とくに概日リズムを昼業夜眠型にする最も効果のある行為は何ですか？
　　→ **Q36**

23　体温が最も低くなる時刻は，起床時刻のだいたい何時間前ですか？
　　→ **Q76**

24　アプリヘンションとは何ですか？
　　→ **Q48**

25　体内時計のマスタークロックはどこにありますか？
　　→ **Q57**

26　起床から起き続けていると，だいたい何時間後に眠気を生じますか？
　　→ **Q50**

4　夜勤・交代勤務の知識

1　国際夜勤・交代勤務シンポジウムは日本では何回開催されています
か？
　→ Q68

2　国際夜勤・交代勤務シンポジムの初代委員長はだれですか？
　→ Q68

3　国際夜勤・交代勤務シンポジウムは，何年に労働時間学会に改組さ
れましたか？
　→ Q68

4　欧州で最も古くから夜勤のある職業で有名なのはどのような職業で
すか？
　→ Q66

5　夜勤・交代勤務者の休日の夜勤の割り増し賃金は最低何割増しです
か？
　→ Q75

6　時差ぼけは東行きと西行きでは１日の回復する時間が異なります。
その時，西行きは１日何時間の回復効果がありますか？
　→ Q78

7　夜勤者がとる仮眠の名前は，その機能によって異なりますが，夜勤
前にとる仮眠を何といいますか？
　→ Q41

8　夜勤をしている人は夜型の人が多いですが，夜型の人は動物に例え
れば何になるでしょうか？
　→ Q77

9　1978 年にある学会が夜勤・交代勤務に関する意見書出しました。
その学会の名前は何ですか？
　→ Q61

10 夜勤中に仮眠をとると仮眠から起きた時に，ぼぉっとした感じが生じますが，それを素早くなくすためにはどうすればいいですか？

　→ **Q43**

11 夜勤者が生体リズムを日勤と同じリズムに保つためにはツァイツゲーバーが大切であると研究者はいいますが，それは何ですか？

　→ **Q24**，**Q67**

12 夜勤中のホメオスタシス性の眠気とは何ですか？

　→ **Q49**，**Q50**

13 「こうたいきんむ」は，交代勤務，交替勤務と書いたりしますが，必ず「交代」を使っているのはどのような職種ですか？

　→ **Q1**

14 海外では，11 時間以下の勤務間隔時間は疲労の回復ができないと問題視されています。では，この勤務を何といいますか？

　→ **Q9**，**Q69**

15 本務の夜勤・交代勤務に加えてアルバイトをすることを何といいますか？

　→ **Q5**

16 夜勤者は年に何回健康診断を義務づけられていますか？

　→ **Q62**

17 1960 年代，看護師の勤務に「宵勤」というシフトがありましたが，今でいう何に該当しますか？

　→ Q4，Q5，Q6，Q18，Q42

18 人間の生体リズムの型は，朝型と何型がありますか？

　→ **Q35**，Q37，Q77

19 夕勤の後は緊張して眠れないことがありますが，そんなときはどうしたら眠れますか？

　→ **Q38**

20 夜勤をすると太りやすいといわれますが，どうしてですか？
　→ **Q60**

21 夜勤・交代勤務者がかかりやすい病気は，どんなものがありますか？
　→ Q55，Q56，Q60，**Q62**

22 日勤者の仮眠時間は 15 分以下がよいという理由は何ですか？
　→ Q42，**Q43**，Q52

23 眠くなると生じる 4 〜 7 ヘルツの脳波を何といいますか？
　→ **Q44**，Q57

24 睡眠禁止帯は何時ごろにありますか？
　→ **Q46**

25 IL〇 の夜勤に関する条約は 171 号条約と呼ばれますが，この条約を日本は何年に批准しましたか？
　→ **Q69**

26 女性が誰でも夜勤ができるようになったのはいつからですか？
　→ Q20，**Q74**

27 IL〇 の夜業に関する勧告は第何号ですか？
　→ **Q69**

28 1994 年に発表されたある国の夜勤時に仮眠が有効であるとする研究が，全世界の研究者に仮眠の有効性を広めました。それはどこの国の研究ですか？
　→ Q65，**Q80**

29 夜勤中に古くから仮眠が取り入れられている国はどこですか？
　→ Q26，Q65，**Q80**

30 3 交代の場合に労働時間帯は、日勤、夕勤、夜勤といったように「勤」であらわさられますが、他にどのような言葉で表現されるでしょうか？
　→ **Q29**

31 シフトワークの日本語訳としてどれが適切でしょうか？
  → **Q29**

索 引

ア行

カ行

サ行

公益財団法人 大原記念労働科学研究所
シフトワーク・チャレンジ プロジェクト企画委員会
佐々木 司（代表編集）
松元　俊
酒井 一博
松田 文子

シフトワーク・チャレンジ【普及版】
夜勤・交代勤務 検定テキスト

2017年 5 月15日発行

代表編集	佐々木 司
発行者	酒井 一博
発行所	公益財団法人 大原記念労働科学研究所 〒 151-0051 東京都渋谷区千駄ヶ谷 1-1-12 桜美林大学内3F 電話　03-6447-1435（事業部） FAX　03-6447-1436 URL　http://www.isl.or.jp/
印刷所	亜細亜印刷株式会社